울림

우리 말

시누등기 지음

M₃₁

울림

초판 1쇄 발행 2020년 9월 15일

지은이 신동기
발행인 김시경
발행처 M31

ⓒ 2020, 신동기

출판등록 제2017-000079호 (2017년 12월 11일)
주소 경기도 김포시 김포한강2로 11, 109-1502
전화 070-7695-2044
팩스 070-7655-2044
전자우편 ufo2044@gmail.com

ISBN 979-11-91095-00-5 (03900)

이 도서의 국립중앙도서관 출판예정도서목록(CIP)은 서지정보유통지원시스템 홈페이지
(http://seoji.nl.go.kr)와 국가자료종합목록 구축시스템(http://kolis-net.nl.go.kr)에서
이용하실 수 있습니다. (CIP제어번호 : CIP2020035457)

들어가는 말

이 책을 읽어나가기 전에 먼저 여러분 '혼자', 그리고 여러분 앞에 한 잔의 '뜨거운 커피'를 준비하시길 권합니다.

장소는 어디든 좋습니다. 분주한 사람들의 발걸음과 바쁜 표정이 훤히 보이는 시내 커피숍 창가 자리도 좋고, 늦은 시간 여러분의 집 서재도 좋고 아니면 공원이나 교정의 높고 울창한 나무 아래 시원한 벤치도 좋습니다. 한 잔의 '뜨거운 커피'를 마실 동안 여러분을 방해할 이가 없는 곳이라면 어디든 좋습니다. '혼자', '뜨거운 커피' 그리고 '이 책' 세 가지가 준비되었다면 이제 여러분은 이 책을 만나실 준비가 완벽하게 되었습니다.

책은 한꺼번에 37꼭지 전부를 읽어버리지 않길 권합니다. 뜨거운 커피 37잔을 한꺼번에 마시지 않는 것처럼 말입니다. 그리고 책의 한 꼭지를 읽는 시간은 뜨거운 커피 한 잔을 마시는 시간에 맞추시길 권합니다. 그 시간은 10분이 될 수도 있고 한 시간이 될 수도 있습니다. 중요한 것은 뜨거운 커피를 콜라 마시듯 단숨에 들이마시지 않는 것처럼, 그렇게 급하게 이 책을 읽지 마시라는 것입니다. 커피의 쓴맛, 단맛, 신맛을 음미하듯 그렇게 천천히 읽으시라는 것입니다. 눈만이 아닌 온몸으로 느끼면서, 머리가 아닌 가슴으로 그렇게 말입니다.

여러분은 이 책을 읽으시면서 눈물을 흘리거나 분노하거나 미소 지을 수 있습니다. 가슴 아파서, 미안해서 그리고 감동해서 말입니다. 치열하게 한 삶을 살았던 사람들이 남긴 말이 결코 가볍거나 단선적일 수 없습니다. 더구나 그것이 삶의 마지막 순간에 남긴 말이라면 더욱 그렇습니다.

그들이 남긴 마지막 말 한마디의 의미와 맥락을 살피는 작업을 하면서 저 역시 몇 번이나 울컥하고 누가 볼세라 애써 울음을 꾹꾹 속으로 눌러 참기도 하고 분노하기도 하고 미소 짓기도 했습니다. 눈물이 나오면 그대로 흘리시고, 분노가 일면 의자 팔걸이라도 한 번 치시고 슬그머니 웃음이 나오면 웃으십시오. 저는 그것이 바로 여러분이 이 책에 실린, 치열한 삶을 살았던 이들을 간접적으로나마 가장 잘 만나는 방법이라 생각합니다.

세상 사람들은 모두 자신만의 '울림'을 가지고 있습니다. 멀리까지 은은히 퍼져나가는 종(鐘) 소리, 미풍에 실려 오는 꽃의 향기처럼 말입니다. 당연히, 여러분도 '울림'을 가지고 있습니다. 울림은 가장 먼저 가족에게, 친구에게 그리고 직장 동료에게 가 닿습니다. 여러분과 여러분 가족, 친구 그리고 직장 동료들이 이 책으로 모두 조금은 더 행복해지면 좋겠습니다.

2020년 9월
저자 신동기

차례

Part 2

진眞 _무엇을 위해 살 것인가?

Part 3

선 善 _어떻게 살 것인가?

Part 1

미
美 _왜 아름다움을 추구하는가?

'엄마, 태성이 그리고 우리 태현이를 소달구지에 태우고 따뜻한 남쪽 나라로 아빠가 소를 끌고 가는 그림을 그렸단다. 소 위에 있는 것은 구름이란다.'

_이중섭의 '길 떠나는 가족'에서

'나 하늘로 돌아가리라/아름다운 이 세상 소풍 끝내는 날/가서, 아름 다웠더라고 말하리라'

_천상병의 묘비명(시 '귀천(歸天)' 중 일부)

'나는 인간의 선함과 진실함을 그려야 한다는, 대단히 평범한 견해를 가지고 있다. 따라서 내가 그리는 인간상은 단순하며, 다채롭지 않다. 나는 그들의 가정에 있는 평범한 할아버지와 할머니, 그리고 물론 어린 아이들의 모습을 가장 즐겨 그린다.'

_세상을 떠나기 3개월 전 박수근이 지인에게 보낸 편지에서

어떤 고난에도
굴하지 않고
소처럼 무거운
걸음을 옮기면서

01

이중섭(1916–1956)

이중섭이 잠들어 있는 곳
서울시 중랑구 망우로 570 망우리공원묘지(묘지번호103535)

엄마, 태성이 그리고 우리 태현이를 소달구지에 태우고 따뜻한 남
쪽 나라로 아빠가 소를 끌고 가는 그림을 그렸단다. 소 위에 있는
것은 구름이란다.

이중섭의 '길 떠나는 가족' 엽서 글에서

이중섭은 사람들의 기억 속에 '비운의 천재 화
가'로 남아 있다. 대지주 집안의 전도양양한 젊은 화가에서 이곳
저곳 옮겨 다니며 하루의 잠자리와 끼니를 걱정해야 하는 유랑
화가로의 전락, 이국 여인과의 순애보적 러브스토리 주인공에서
현해탄을 사이에 두고 가족과 재회할 날만을 기다리다 홀로 죽
어간 한 여인의 남편 그리고 어린 두 아들의 아버지로의 비극적
전환, 그런 극한 상황 속에서도 끊이지 않고 이어지는 예술가로
서의 처절한 창작열과 불멸의 작품들, 그것들이 그를 '비운의 천
재 화가'로 기억되게 하였다. 여기에 그리움, 좌절, 자괴감이 뒤섞
여 빚어낸 정신분열 속에서 서서히 자신을 죽여가는 천재 화가의
마지막 자기 부정이 그를 더욱더 비운의 주인공이 되게 하였다.

평안남도의 대지주 집안에서 태어난 이중섭은 보통학교 때부
터 그림을 그리기 시작해 평안북도 정주의 오산고등보통학교에
진학하면서 본격적으로 미술 지도를 받기 시작한다. 재학 중 일
제의 조선어 말살 정책에 반발해 자신의 그림에 한글로만 서명
하고 이때부터 소를 즐겨 그린다. 고등학교 졸업 후 일본 제국미

술학교로 유학을 간 이중섭은 1년 만에 자유주의적이고 개방적인 분위기의 문화학원으로 학교를 옮긴다. 문화학원에서 후배인 일본 여성 마사코를 만나게 되고 1938년 일본 자유미술가협회 제2회 공모전에 출품해 협회상 수상과 함께 평론가들의 호평을 받는다.

1941년 이중섭은 일본 유학파 미술가들과 조선신미술가협회를 결성해 도쿄와 서울에서 창립전을 갖는다. 같은 해 일본 자유미술가협회 회우로 추대되고 1943년 제7회 일본자유미술가협회 전람회에서는 특별상인 태양상 수상과 함께 회원에 선정된다.

1945년 원산에서 마사코(한국명 이남덕)와 결혼한 이중섭은 광복 후 1946년 조선예술동맹 산하의 미술동맹과 조선조형예술동맹에 가입한다. 6·25 전쟁이 일어나자 1951년 1·4 후퇴 때 가족을 데리고 부산으로 피난해 제주도로 거처를 옮겼다가 같은 해 12월 다시 부산으로 돌아온다. 생활고 압박이 커지자 1952년 가족을 일본인 수용소에 입소시켰다 결국 처가가 있는 일본으로 보낸다.

이때부터 이중섭은 죽기까지 4년 동안 가족과 재결합할 돈을 마련하기 위해 통영, 진주, 대구, 서울로 떠돌이 생활을 하면서 극한의 궁핍 속에서 작품 활동을 한다. 그러나 크게 기대했던 1955년 1월 서울의 미도파 화랑과 5월 대구 미국문화원의 개인 전시회가 실패로 끝나면서 가족 재결합의 꿈은 사라진다. 좌절과 분노 거기에 극도의 영양 결핍까지 겹치면서 이중섭은 정신분열 증세를 보이기 시작한다. 1년 이상 이 병원 저 병원을 전전하던 이중섭은 병상에서 음식을 거절하다 1956년 9월 6일 돌보는 이 없이 홀로 숨을 거둔다.

이중섭의 작품 세계는 밝고 긍정적이다. 1·4 후퇴 월남 이후 이중섭의 삶은 굶주림과 결핍의 연속이었지만 그의 작품 세계는 언제나 밝았다. 마지막 희망의 끈을 놓을 즈음에도 그의 작품은 어둡지 않았다. 이중섭의 작품 궁극에는 가족이 있다. 그리고 그 가족은 '기억', '희망', '의지'로 드러난다.

그의 작품에는 물고기와 게가 자주 등장한다. 1951년 1월부터 12월까지 1년 좀 안 되는 기간 그는 제주도에서 살았다. 바로 이때 그렸거나 이때를 기억하는 그림들이다. 제주도에서 그의 가족이 살았던 곳은 1.4평의 방과 1.9평의 부엌을 가진 조그마한 집이었다. 죽기 전까지도 그가 물고기와 게를 가지고 노는 어린아이들을 즐겨 그린 것은 바로 이 제주도에서 가족들과 함께 살던 때의 '기억' 때문이었다. 네 명이 제대로 몸도 눕힐 수 없는 좁은 방, 하루하루 끼니를 걱정해야 하는 궁핍한 삶이었지만 가족이 완전체였던 그 1년이 그에게는 죽는 순간까지 기억 속 가장 행복했던 시간이었다. 그 행복했던 시간의 '기억' 편린들이 바로 게였고 물고기였다.

이중섭의 그림에는 어린 사내아이 둘 또는 사내아이 둘과 엄마 아빠 넷이 함께하는 그림이 많다. 그의 두 아들인 태성, 태현이고, 이 두 아들과 함께한 이중섭 부부다. 가족을 일본으로 보낸 뒤 극도의 결핍과 영양부족 상태에서도 그가 그림 그리기를 잠시도 멈추지 않았던 것은 가족 넷이 다시 모여 살 수 있으리라는 '희망' 때문이었다. 중섭이 아내에게 보내는 편지에서 '천사와 같이 아름다운 남덕이와 사랑의 결정인 태현이, 태성이 둘과 더없는 감격으로 호흡을 크게 높게 제작 표현하면서[1]'라고 쓴 것처럼, 넷이 함께 모여 사는 것은 그의 비원이었다. 그러나 그 비원은 끝내 비원으로 끝나고 만다. 그림 속에서나 함께할 수 있을 뿐 현실의 빈곤은 끝내 그것을 허락하지 않았다.

삶의 마지막 순간까지 이중섭은 소를 즐겨 그렸다. 소는 다름 아닌 그의 '의지'의 표현이었다. 이중섭은 아내 남덕에게 편지를 보내면서 '어떤 고난에도 굴하지 않고 소처럼 무거운 걸음을 옮기면서 안간힘을 다해 제작을 계속하고 있소[2]'라고 쓴다. 뚜벅뚜벅 길을 가는 소처럼 환경에 굴하지 않고 쉼 없이 그림을 그려 단란한 완전체 가족을 다시 이루고야 말겠다는 이중섭의 굳센 '의지'였다.

이중섭은 1955년 1월의 미도파 화랑 개인 전시회를 준비하면서 막내아들 태현에게 엽서를 보낸다. 위 절반은 그림이고 아래 절반은 편지다. 엽서의 절반이니만큼 편지는 짧다. '우리 태현이 건강하게 지내지? 학교 친구들도 모두 건강하고? 아빠는 지금

<길 떠나는 가족> 1954년 작

씩씩하게 전람회 준비를 하고 있단다. 오늘 아빠가 엄마, 태성이 그리고 우리 태현이를 소달구지에 태우고 따뜻한 남쪽 나라로 아빠가 소를 끌고 가는 그림을 그렸단다. 소 위에 있는 것은 구름이란다. 그럼 건강하게 잘 지내고. 아빠 중섭[3]이라는 내용이다. 위 절반의 그림이 바로 가족에 대한 애틋한 그리움을 꿈결처럼 그린 '길 떠나는 가족'이다.

1·4 후퇴 월남 이후 이중섭이 가장 희망에 부풀어 올라 있었을 때 쓴 편지다. 이번 전시회에서 그림이 제대로 팔리기만 하면 이제 중섭은 일본으로 건너가 가족과 함께 살 수 있다. 그러나 전시회는 실패로 끝난다. 미도파 전시회는 물론이고 가까스로 힘을 내 다시 도전한 미국문화원의 개인 전시회도 그렇게 실패로 끝나고 만다. 작품이 제대로 팔리지도 않았고 팔린 그림값을 떼이기도 했다. 이제 곧 가족과 재회할 수 있으리라는 부푼 희

망으로 꽃과 새, 소, 구름 그리고 마냥 행복해하는 네 명 가족을 그림에 담았는데 그 희망이 그만 꿈으로 끝나고 말았다.

이중섭이 죽고 며칠 동안 그의 시신은 방치되었다. 돌보는 이 없고 찾는 이도 없는 무연고자였기 때문이다. 3일 뒤 친구인 시인 구상이 찾아와 장례를 치르고 화장한 다음 뼈의 절반은 망우리 공동묘지에 묻고 나머지 절반은 일본의 가족에게 보냈다. 가족에게 돌아갈 날만을 손꼽아 기다리며 처절하게 그림을 그려왔던 이중섭은 한 줌 재가 되어서야 비로소 가족의 품으로 돌아갔다. 삶을 갈아 붓으로 찍어 옮긴 소, 닭, 꽃, 아이들은 오늘도 쾌적하고 널찍하고 품격 넘치는 공간에서 눈부신 스포트라이트를 받으며 황금의 광채를 발하고 있건만.

우리들의 싸움은
하늘과 땅 사이에
가득 차 있다

02

김수영(1921-1968)

김수영이 잠들어 있는 곳
서울특별시 도봉구 도봉동 282-329 도봉서원 내

풀이 눕는다
바람보다도 더 빨리 눕는다
바람보다도 더 빨리 울고
바람보다 먼저 일어난다

김수영의 묘비명에서

'시작(詩作)은 머리로 하는 것이 아니고 심장으로 하는 것도 아니고 몸으로 하는 것이다. 온몸으로 밀고 나가는 것이다. 정확하게 말하자면, 온몸으로 동시에 밀고 나가는 것이다.' 자신의 산문 '시여, 침을 뱉어라'에서 김수영이 한 말이다. 자신의 주장처럼 시인은 온몸으로 시를 썼다. 영원한 권력을 꿈꾸는 권력자나 일상을 보듬고 하루를 살아내는 이들이나 고급 시어 찾기에 몸이 야위는 시인들까지 머리가 쭈뼛 설 정도로.

김수영은 서울에서 태어나 조양유치원과 계명서당, 효제공립보통학교를 졸업한 뒤 선린상업학교에 진학한다. 선린상업을 졸업한 뒤 1942년 일본으로 건너가 미즈시나 하루키 연극연구소에서 연출을 공부하다 1944년 학병 징집을 피해 다시 귀국한다. 귀국 후 서울에서 연극 활동을 하던 김수영은 같은 해 가족들이 있는 길림성으로 이주해 길림성예술연구회에서 연극 활동을 한다.

1945년 광복 후 서울로 돌아온 김수영은 〈예술부락〉에 시 '묘정의 노래'를 발표하면서 연극에서 시인의 길로 전환하고, 같은 해 연희전문학교 영문과에 입학했다 한 학기 만에 그만둔다. 1949년 김경린, 박인환 등과 함께 시집《새로운 도시와 시민들의 합창》을 펴내고 같은 해 김현경과 결혼한다. 1950년 6·25 전쟁이 일어나 피난 시기를 놓친 김수영은 북한군의 문화공작대에 강제 동원되었다 가까스로 탈출한다. 그리고 서울로 돌아오던 중 경찰에 체포되어 거제도 수용소에 수용된다.

1952년 2년 만에 석방된 김수영은 미군 통역, 강사, 평화신문사 기자 등의 일을 하다 1956년 이후 양계(養鷄)와 번역, 평론 등으로 생계를 꾸리면서 시작(詩作)에 전념한다. 1959년 시집《달나라의 장난》을 펴내고, 1960년 4·19 혁명 이후 현실비판과 저항정신을 담은 시들을 발표한다. 그러다 민중시의 출발로 평가되는 시 '풀'을 남기고 1968년 6월 16일 불의의 교통사고로 세상을 떠난다.

김수영은 1960년 이승만의 3·15 부정선거가 일어나자 시 '하…… 그림자가 없다'를 쓴다. 시 중 일부다.

(전략)
우리들의 싸움은 하늘과 땅 사이에 가득 차 있다
민주주의의 싸움이니까 싸우는 방법도 민주주의식으로 싸워야 한다
하늘에 그림자가 없듯이 민주주의의 싸움에도 그림자가 없다
하…… 그림자가 없다

(후략)

4·19가 일어나자 시인은 시를 쓴다. 시 '우선 그놈의 사진을 떼어서 밑씻개로 하자'다.

우선 그놈의 사진을 떼어서 밑씻개로 하자
그 지긋지긋한 놈의 사진을 떼어서
조용히 개굴창에 넣고
썩어진 어제와 결별하자
그놈의 동상이 선 곳에는
민주주의의 첫 기둥을 세우고
쓰러진 성스러운 학생들의 웅장한
기념탑을 세우자
아아 어서어서 썩어빠진 어제와 결별하자
(후략)

날이 시퍼렇다. 시어의 날이. 돌려 말하기나 은근슬쩍 드러내기가 없다. 권력자는 멈칫하고 시민은 분연히 일상을 털고 일어서고 시인들은 자신의 시를 등 뒤로 서둘러 감춘다. 헤겔이 틀렸고 마르크스가 옳았다. 시인은 역사를 해석하지 않고 역사를 만들어간다.

공자는 '군자의 덕은 바람과 같고 소인의 덕은 풀과 같다. 풀 위로 바람이 불면 풀은 반드시 엎드린다(君子之德風 小人之德草 草上

之風 必偃)'[1]고 말했다. 힘없는 백성들의 예속을 길들이는 주장이다. 신분제의 그림자는 길고 강고했다. 민주정이 되고서도 포장만 민주주의일 뿐 내용물은 여전히 왕정이었다. 한 줌도 안 되는 세력이 땅의 주인인 시민을 겁박하고 억압했다. 군사정권이 장기집권을 획책하는 때 김수영은 공자를 딛고 일어선다. 시 '풀'이다.

풀이 눕는다
비를 몰아오는 동풍에 나부껴
풀은 눕고
드디어 울었다
날이 흐려서 더 울다가
다시 누웠다

풀이 눕는다
바람보다도 더 빨리 눕는다
바람보다도 더 빨리 울고
바람보다 먼저 일어난다

날이 흐리고 풀이 눕는다
발목까지
발밑까지 눕는다
바람보다 늦게 누워도

바람보다 먼저 일어나고

바람보다 늦게 울어도

바람보다 먼저 웃는다

날이 흐리고 풀뿌리가 눕는다

이렇다 할 가진 것 없는 '백성'을 일러 '민초(民草)'라 한다. '질긴 생명력을 가진 잡초'라는 의미다. 김수영은 바람은 지나가는 것일 뿐 땅을 지키는 상수는 '풀'이라 말하고 있다. '민초'의 의미 그대로 이 땅의 주인은 한 줌도 안 되는 불한당 무리가 아닌 깨어 있는 시민이라 말하고 있다.

시인은 시 '풀'을 쓰고 한 달이 안 된 1968년 6월 16일 형형한 눈빛만을 남긴 채 홀연히 떠난다. "몸부림은 칠 줄 알아야 한다. 그리고 가장 민감하고 세차고 진지하게 몸부림을 쳐야 하는 것이 지식인이다. 진지하게라는 말은 가볍게 쓸 수 없는 말이다. 나의 연상에서는 진지란 침묵으로 통한다"[2]라는 자신의 말 그대로 지식인의 모범을 보여주고 떠났다.

지금 당신이 호흡하는 공기 속에서 자유의 싱그러움을 느낀다면 한번쯤 당신은 시인 김수영을 떠올려야 한다. 그 자유로 건너오는 강 어느 지점엔가 '하…… 그림자가 없다', '우선 그놈의 사진을 떼어서 밑씻개로 하자', '풀'이 징검다리 되어 놓여 있을 테니.

연꽃같이
맑고
깨끗하여라

03

윤이상(1917-1995)

윤이상이 잠들어 있는 곳
경남 통영시 큰발개1길 38 통영국제음악당 야외쉼터 내

윤이상이 동포를 위해 병상에서 마지막으로 작곡
한 교향시 〈화염에 휩싸인 천사〉

한류의 원조는 K-pop이 아니다. K-pop 이전
에 K-classic이 있었다. 1972년 서독의 뮌헨올림픽은 오페라로
그 막을 열었다. 그런데 그 오페라 제목이 〈심청전(SIM TJONG)〉이
었다. 아니 지구 저 반대편 독일 땅에서, 그것도 지금으로부터 50
년 전인 70년대에 웬 〈심청전〉? 공연이 끝나자 유럽의 한 기자는
'윤이상과 한국에 올림픽 우승 트로피가 수여되었다'[1]라고 기사
를 썼다.

세계인 대부분이 한국이 어디 붙어 있는 나라인지도 모를 50
년 전, 전 세계인의 눈과 귀가 몰리는 올림픽의 개막 축전 행사를
한국인이, 그것도 한국인의 전형적 정서인 '심청전'으로 만든 오
페라라니. 세계인의 축제 뮌헨올림픽 서막의 주인공은 현대 음악
의 거장이자 세계적인 작곡가 재독 한인 윤이상이었다. '한국인',
아니 '세계 시민' 윤이상이었다.

경남 산청에서 태어난 윤이상은 통영에서 서당과 통영보통학
교를 마치고 아버지의 강요로 2년간 통영협성상업학교를 다닌
다. 1933년 서울로 올라가 바이올리니스트 최호영에게 2년, 1935

년 일본으로 건너가 오사카음악학교에서 2년간, 작곡 등 음악이론과 첼로를 배운다. 귀국 후 교사생활을 하다 1939년 다시 일본으로 건너가 이케노우치 도모지로로부터 작곡을 배우고 태평양전쟁이 일어나자 1941년 귀국한다. 1944년 반일혐의로 일경에 잡혀 2달간 옥살이를 한 윤이상은 해방 후 통영문화협회 간사, 부산시립고아원 원장(1년), 통영현악4중주단 첼리스트 등으로 활동한다. 1948년 이후 통영여고 등에서 교사로 재직하던 윤이상은 1950년 동료 교사 이수자와 결혼하고 같은 해 가곡집 〈달무리〉를 출간한다.

1953년 윤이상은 서울로 이사해 서울대학교 등에서 시간강사로 일하면서 작곡 활동을 하다 1956년 6월 프랑스로 유학을 떠나고, 1년 뒤인 1957년 7월 서베를린음악대학으로 학교를 옮긴다. 1959년 서베를린음대를 졸업한 윤이상은 같은 해 다름슈타트 국제현대음악제에 〈일곱 악기를 위한 음악〉, 가우데아무스 음악제에 〈피아노를 위한 다섯 개의 소품〉을 출품해 각각 초연에 성공함으로써 유럽 현대 음악계의 주목을 받기 시작한다.

이후 활발한 작곡 활동과 함께 유럽과 미국의 다양한 음악회 및 강연회에 참가하며 1963년에는 강서대묘의 〈사신도〉를 보기 위해 북한을 방문한다. 윤이상은 1967년 이른바 '동베를린 간첩단 사건'에 연루되어 한국 중앙정보부에 의해 납치돼 20개월 만인 1969년 2월 25일 대통령 특사로 풀려난다. 석방 후 독일로 돌아온 윤이상은 한국 정부로부터의 재납치 위험과 협박에서 벗어나기 위해 불가피하게 독일로 귀화한다. 이후 다시 작곡과 강연회 및 강의 활동에 나서고 1972년 독일 정부로부터 뮌헨올림픽 개막 오페라 작품 제작 의뢰를 받아 오페라 〈심청전〉을 작곡한다.

1974년 김대중 납치사건이 일어나자 윤이상은 한국의 민주화 및 통일운동에 적극적으로 발언하기 시작한다. 아울러 작품 활동에 있어서도 5·18 광주민주화운동을 주제로 한 교향시 〈광주여 영원히!〉와 같은 현실참여 작품을 작곡하기 시작한다. 1977년 베를린예술대학의 정교수로 채용되고 같은 해 8월에는 한국민주민족통일해외연합(한민련) 유럽본부 의장을 맡는다. 1990년 10월, 분단 45년 만에 남과 북 그리고 해외 한민족이 참여하는 제1회 '범민족통일음악회' 평양 개최를 성사시키고, 2달 뒤 서울에서의 남북한 '90 송년통일음악회' 개최를 지원한다.

1991년 윤이상은 국제현대음악협회(IGNM)의 전 세계 명예회원 8명 중 한 명으로 추대된다. 윤이상이 만 75세가 되는 1992년, 독일, 스위스, 일본, 북한 등 여러 나라에서 현대 음악의 거장 윤이상 탄생 75주년을 축하하는 음악회가 열린다. 일본의 '윤이상 탄생 75주년 기념 페스티벌' 행사는 윤이상의 실내악, 관현악 연주 및 강연회로 12일에 걸쳐 진행된다. 윤이상은 1995년 생애 마지막 작품인 교향시 〈화염에 휩싸인 천사〉와 〈에필로그〉를 발표한다. 그리고 같은 해 11월 고향 통영을 그리며 베를린에서 영면에 들어간다.

현대 음악의 거장 윤이상은 5편의 교향곡, 〈심청전〉 등 4편의 오페라, 〈광주여 영원히!〉 등 20여 편의 관현악곡, 〈동서의 단편〉 등 40여 편의 실내악곡, 〈나의 땅, 나의 민족이여!〉 등의 교성곡 및 동요 등 전체 150여 편의 작품을 썼다. 1995년 초 독일 고전주의의 중심지인 바이마르 시(市)는 윤이상에게 괴테상을 수여하면서 그를 '현존하는 세계 5대 작곡가'[2]로 평한다.

  '윤이상표 음악'은 동양 고전의 미학과 서양 현대 음악과의 절묘한 만남으로 평가된다. 오페라 〈심청전〉이 이름 그대로 우리나라 고전에서 가져온 것이고, 감옥에서 완성한 〈나비의 꿈〉 역시 이름 그대로 《장자》의 호접몽에서 가져온 것이고, 실내악곡 〈영상〉은 그가 평생 곁에 두고 보았던 고구려 강서대묘의 〈사신도〉를 음악으로 표현한 것이었다. 관현악곡 〈바라〉와 〈오 연꽃속의 진주여〉는 불교의 승무와 불교의 '6자 진언'인 '옴마니반메훔', 오페라 〈요정의 사랑〉은 중국판 아라비안나이트 《요재지이》에서 가져온 것이었다. 이런 동양적 소재 또는 사상을 서양의 현대적인 작곡 기법으로 녹여낸 것이 바로 윤이상표 음악이었다. 전위주의적 방식은 지양하면서 자신만의 음악 어법인 중심음(Hauptton) 개념을 통해 변화를 지향한 것이 바로 윤이상 음악의 특질이었다.[3]

  윤이상은 경계인(境界人)이었다. 정치적으로는 남한과 북한의 경계에 있고, 사상적으로는 동양과 서양의 경계에 있고, 음악 기법으로는 현대 음악과 고전 음악의 경계에 있었다.[4] 그러나 그

경계는 주변인으로서의 경계가 아닌 포용하는 자로서의 경계였다. 정치적으로는 남과 북을 한 민족으로 아울렀고, 사상적으로는 동양과 서양을 조화롭게 연결했고, 음악적으로는 전위의 정신을 눈여겨보면서도 고전을 수용했다. 그래서 그는 '세계 시민'이었고 한쪽 끝만 고집스럽게 보려는 외눈박이들로부터는 당연히 다른 의미의 '경계(警戒)' 대상일 수밖에 없었다.

1994년 윤이상은 자신에게 남아 있는 삶의 시간이 그리 많지 않다는 생각이 들자 베르디의 〈레퀴엠〉을 찾는다. 그리고 그 〈레퀴엠〉을 듣고 또 듣는다. 떠남을 위한 준비가 아니었다. 마음에 남아 있는 마지막 숙제를 끝내기 위해서였다. 조국의 민주화투쟁 과정에서 분신으로 죽어간 학생들과 노동자들의 넋을 달래는 '진혼곡'을 작곡하기 위해서였다. 그리고 1994년 9월 17일 병상의 고통 속에서 자신의 생애 마지막 작품을 완성한다. 바로 교향시 〈화염에 휩싸인 천사〉다. 작품을 끝낸 윤이상은 "나의 양심을 편하게 하기 때문이다. 이것은 내가 나의 동포를 위하여 쓴 최후의 관현악곡이다"[5]라고 말한다. 음악가는 음악으로 자신을 전한다. 삶을 마무리하면서 윤이상이 조국에 보내는 마지막 그의 애정이었다.

동베를린 사건 이후 조국의 거부로 살아생전 다시는 이 땅을 밟지 못했던 현대 음악의 세계적인 거장 윤이상은 2018년 3월, 세상을 떠난 지 23년이 지나서야 고향 통영으로 돌아온다. 거장의 영원한 안식처임을 알리는 너럭바위에는 '처염상정(處染常淨)'

네 글자가 새겨진다. '연꽃같이 맑고 깨끗하여라'라는 고인에 대한 후인들의 기억이었다. 많은 이들이 그의 삶을, 그의 인품을 그리고 거기에서 나온 그의 음악을 '연꽃 같은 맑고 깨끗함'으로 기억한다는 뜻이다.

나는 내 슬픔과
어리석음에 눌리어
죽을 수밖에 없는
것을 느끼는
것이었다

04

백석(1912–1996)

백석이 잠들어 있는 곳
북한

나는 혼자 쓸쓸히 앉어 소주를 마신다
소주를 마시며 생각한다
나타샤와 나는
눈이 푹푹 쌓이는 밤 흰 당나귀 타고
산골로 가자 출출이 우는 깊은 산골로 가 마가리에 살자

백석의 '나와 나타샤와 흰 당나귀'에서

　　서울 성북동에 있는 절 길상사는 원래 '대원각'이라는 이름의 고급 요정이었다. 요정 주인인 김영한 씨가 10년 동안이나 법정 스님에게 절로 시주하겠다고 끈질기게 요청해 1995년 그 요청이 받아들여져 '대법사'라는 절이 되었다. 그리고 2년 뒤인 1997년 시주자 김영한 씨의 법명 '길상화'를 따서 '길상사'로 이름이 바뀌었다. 길상사는 7천여 평의 넓이로 기부 당시 시가가 1천억 원대였다. 당시 한 기자가 김영한 씨에게 그렇게 큰 재산을 기부하는데 아깝지 않느냐 물었다. 이때 김영한 씨가 한 말이 "그까짓 천 억, 백석의 시 한 줄만 못하다"였다. 백석, 김영한 그리고 백석의 시. 더해, 백석의 나타샤.

　시인 백석은 평안북도 정주에서 태어나 정주의 오산소학교를 거쳐 오산고등보통학교를 졸업했다. 오산고보 졸업 후 집안 사정으로 독서로 소일하던 백석은 1930년 〈조선일보〉 신년현상문예 단편소설에 응모해 당선되고, 조선일보 사장 방응모의 후원으로 일본 도쿄의 아오야마학원 영어사범학과로 유학을 간다. 공부를 마치고 1934년 귀국한 백석은 조선일보에 입사하여 직

장생활과 시작(詩作) 활동을 병행해 1935년 가을 〈조선일보〉에 시 '정주성'을 발표하면서 시인으로 등단한다.

이듬해인 1936년 시집 《사슴》을 펴낸 백석은 2년 만에 조선일보를 퇴직하고 함경남도 함흥의 영생고등보통학교 영어 교사로 이직한다. 그리고 이곳에서 기생 김영한을 만나 사랑에 빠지고 그녀에게 '자야'라는 이름을 지어준다. 2년 뒤인 1938년 말 교사직을 그만두고 서울로 돌아온 백석은 자야와 동거하면서 조선일보의 〈여성〉지 편집주간을 지낸다. 그리고 몇 개월 뒤 다시 조선일보를 사직하고 자야와 헤어져 1940년 만주의 장춘으로 간다.

백석은 만주에서 만주국 국무원과 단동 세관에서 일하면서 만주를 배경으로 한 여러 서정시들을 발표하다 해방을 맞는다. 해방 후 고향인 정주로 돌아온 백석은 러시아 문학 번역에 매진하고 해방 전 백석이 쓴 시들이 친구 허준에 의해 남한 잡지에 실린다. 1948년 잡지 〈학풍〉 창간호가 남한에서 마지막으로 백석의 시 '남신의주 유동 박시봉방'을 싣는다. 분단 이후 백석은 북한에서 외국문학 분과원 및 아동문학 분과위원회 위원으로 외국문학 번역과 동화시 창작에 힘쓴다. 그러다 1962년 시 '조국의 바다여' 등의 작품 발표를 마지막으로 북한의 문단에서 사라진다. 이후 백석은 협동농장에서 농사꾼으로 살다 1996년 84세를 일기로 세상을 떠난다.

시인은 사랑했다. 가마구(까마귀의 방언)를 사랑하고 눈을 사랑하고 강냉엿을 사랑하고 어린이를 사랑하고 여인들을 사랑했다. 그중 특히 자야 김영한을 사랑했다. 남북을 갈라놓은 철조망이 견고해지기 전 백석이 남한에서 유일하게 몸 붙이고 살았던 여인이 자야였다. 백석은 1938년 아직 함흥에서 교사를 지내던 중 서울을 들렀을 때 자야에게 봉투 하나를 내민다. 봉투 안에는 시 한 편이 들어 있었다. 백석의 나타샤, 자야에게 주는 '나와 나타샤와 흰 당나귀'였다.

가난한 내가
아름다운 나타샤를 사랑해서
오늘밤은 푹푹 눈이 나린다

나타샤를 사랑은 하고
눈은 푹푹 날리고
나는 혼자 쓸쓸히 앉어 소주를 마신다
소주를 마시며 생각한다
나타샤와 나는
눈이 푹푹 쌓이는 밤 흰 당나귀 타고
산골로 가자 출출이 우는 깊은 산골로 가 마가리에 살자

눈은 푹푹 나리고
나는 나타샤를 생각하고

나타샤가 아니 올 리 없다

언제 벌써 내 속에 고조곤히 와 이야기한다

산골로 가는 것은 세상한테 지는 것이 아니다

세상 같은 건 더러워 버리는 것이다

눈은 푹푹 나리고

아름다운 나타샤는 나를 사랑하고

어데서 흰 당나귀도 오늘밤이 좋아서 응앙응앙 울을 것이다

시인은 모질게 이어질 자신의 후반 삶을 미리 내다보기나 하였던 것일까. 6·25 전 남한에서 마지막으로 1948년 발표된 백석의 시 '남신의주 유동 박시봉방' 중 일부다.

내 가슴이 꽉 메어 올 적이며,

내 눈에 뜨거운 것이 핑 괴일 적이며,

또 내 스스로 화끈 낯이 붉도록 부끄러울 적이며,

나는 내 슬픔과 어리석음에 눌리어 죽을 수밖에 없는 것을 느끼는 것이었다

체제 프로파간다 기수로서의 시인의 역할을 번역과 아동문학으로 어떻게든 피해보려 했지만 질긴 것이 목숨이라 백석은 결국 전체주의 찬양에 나서고 만다. 시인은 가슴이 메이고 눈물이 고

이고 낮이 뜨거웠을 것이다. 그리고 그 슬픔은 차라리 죽음보다 못했을 것이다.

시인 백석의 언어는 담백하고 자유롭다. 감동을 강요하지 아니하고 가르치려 들지 아니하고 보편에 마음 쓰지 아니하고 형식에 애쓰지 아니한다. 그래서 24세의 백석이 남긴 유일한 시집 《사슴》은 '우리 시대 시인에게 가장 큰 영향을 끼친 작품'[1]이 된다. 백석은 '시인들의 시인'이다. 오늘밤은 폭폭 눈이 나리면 좋겠다. 쓸쓸한 백석을 만나볼 수 있게.

천당이
가까운 줄
알았는데,
멀어, 멀어……

05

박수근 (1914–1965)

박수근이 잠들어 있는 곳
강원도 양구군 양구읍 박수근로 265–15

나는 인간의 선함과 진실함을 그려야 한다는, 대단히 평범한 견해를 가지고 있다. 따라서 내가 그리는 인간상은 단순하며, 다채롭지 않다. 나는 그들의 가정에 있는 평범한 할아버지와 할머니, 그리고 물론 어린아이들의 모습을 가장 즐겨 그린다.

세상을 떠나기 3개월 전 지인에게 보낸 편지에서

       소설가 박완서는 첫 소설 《나목(裸木)》의 제목을 화가 박수근의 그림 〈나무와 두 여인〉에서 가져왔다. 소설 속에서 '나무 옆을 두 여인이, 아이를 업은 한 여인은 서성대고 짐을 인 한 여인은 총총히 지나가고 있었다 -중략- 김장철 소스리바람에 떠는 나목, 이제 막 마지막 낙엽을 끝낸 김장철 나목이기에 봄은 아직 멀건만 그의 수심엔 봄의 향기가 애닯도록 절실하다[1])로 표현하고 있는 바로 그 〈나무와 두 여인〉에서다.

    박수근의 그림에 등장하는 나무는 대부분 나목이다. 잿빛 하늘에 앙상한 가지를 드러낸 채 삭풍에 바르르 떨고 있는 나목이다. 화가 박수근은 나목이었다. 궁핍과 이방인 아닌 이방인 취급의 삭풍 속에서 생존을 위해 그리고 자신만의 작품 세계 구축을 위해 삶의 마지막 순간까지 바둥대며 안간힘을 썼던 메마른 앙상한 가지의 나목이었다.

    박수근은 강원도 양구에서 태어나 서당에서 한문 공부를 하고 양구공립보통학교에 입학해 그림을 그리기 시작한다. 가정형편으로 상급학교 진학을 포기한 박수근은 독학으로 그림 공부를 해, 18세인 1932년 조선미술전람회(이하 선전)에 수채화 〈봄이 오다〉를 출품해 입선한다. 1935년 어머니의 별세와 아버지의 채무 과다로 가족이 흩어지면서 춘천으로 거처를 옮긴 박수근은 1936년부터 1943년까지 8차례 연속 선전에 입선한다. 1940년 2월 아버지가 살고 있는 강원도 철원군 금성면의 이웃 처녀인 춘천공립여학교 출신의 김복순과 결혼하고, 이때부터 박수근은 부인인 김복순을 모델로 그림을 그리기 시작한다. 같은 해 평안남도 도청에 서기로 취직해 평양에서 직장생활을 하면서 동인전을 갖는 등 작품 활동을 병행하고, 1945년 광복 이후에는 철원 금성으로 돌아와 금성여자중학교 미술교사로 일한다.

6·25가 일어나자 1.4 후퇴 때 유엔군을 따라 남하하던 박수근은 피난 중 가족과 갈라져 혼자 남으로 내려오고, 아내 김복순은 1952년 10월 자녀를 데리고 북한을 탈출해 서울에서 박수근과 상봉한다. 전쟁 중 동료 화가의 화방을 통해 헐값에 그림을 팔아 연명하던 박수근은 미군 PX의 초상화 화가 일자리를 소개받아 생계를 잇는다. 전쟁 후 열린 1953년 제2회 대한민국미술전람회(이하 국전)에서 특선과 입선을 한 이후 박수근은 국전과 대한미술협회전람회에서 여러 차례 입선과 특별상을 수상하고 1954년에는 한국현대회화특별전의 28명 초대화가에 명단을 올리기도 한다. 1959년, 1960년에는 국전 추천작가에 선임되고 1962년에는 국전 심사위원 및 추천작가에 위촉되며 같은 해 주한미군공군사령부의 주선으로 '박수근특별초대전'을 열기도 한다.

그러던 중 1963년 박수근은 병마와 불운을 한꺼번에 만난다. 백내장 악화로 왼쪽 눈을 실명하고, 오른쪽 눈으로만 그림을 그리던 중 이번에는 간경화 응혈증이라는 진단을 받는다. 병원에 입원해 회복 불가라는 판정을 받은 박수근은 1965년 5월 6일 전농동 자택에서 세상을 떠난다.

박수근은 호(22.7×15.8cm)당 그림 가격이 2억 4천만 원(2019년 기준)으로 우리나라 역대 화가 중 가장 높다. 그러나 작가의 생애는 그 반대였다. 죽는 날까지 생활고의 연속이었다. 가족의 잠자리인 좁은 방이 그의 화실이었고 그림 보관 창고였다. 그는 어린 시절을 '아버님 사업이 실패하고 어머님은 신병으로 돌아가시니 공부는커녕 어머님을 대신해서 아버님과 동생들을 돌봐야 했습니다. 우물에 가서 물동이로 물을 들어 와야 했고, 맷돌에 밀을 갈아 수제비를 끓여야 했지요'[2]라고 회상한다. 그리고 1964년 미국의 지인에게 보내는 편지에서는 '솔직히 말씀드리자면 좀 더 그림을 그리기 위하여 모든 일을 극복하자니까 생활난에 허덕이게 되었습니다'[3]라고 쓴다. 어렸을 때나 작가가 되어서나 박수근은 내내 절박하고 궁색했다.

박수근에게는 네 가지가 없었다. 학연, 지연, 혈연 그리고 물색 네 가지였다. 최종 학력이 초등학교 졸업으로 학력은 물론 정식으로 그림을 배운 적이 없었고, 북에서 월남해 지연이 있을 리가 없었고, 집안이 가난해 혈연이라 할 것이 없었고, 사람 사귀는 것은 물론 재테크는 고사하고 남에게 사기를 당할 정도로 세상 물정에 어두웠다. 오로지 할 수 있는 것은 그리고 오로지 하는 것은 그림 그리는 것밖에 없었다. '문학가들은 그들의 사후에는 흔히 당대의 위대한 왕공 귀족이나 정치가들보다도 더 많이 회자되기도 한다. 그러나 일반적으로 살아있을 동안에는 그 존재가 잘 알려지지 않고 아주 미미하다'[4]는 A. 스미스의 주장은 바로 박수근과 같은 경우를 두고 한 말이었다. 살아생전 가장 가난한 작가였고 죽고 나선 가장 비싼 작가가 된 박수근이었다. 서럽도록 시린 가난과 소외가 낳은 그의 그림이 아이러니하게 지금은 부의 상징, 부자들을 위한 장식이 되었다.

박수근의 화풍, 즉 그의 호 미석(美石)을 딴 '미석 화풍'은 한국적 소재와 주제에 현대화된 박수근만의 감각과 표현기법이 더해진 것이다. 그림의 주요 소재와 주제가 소녀, 중년 여성, 중년 남성이 집 앞 골목, 생계를 위한 장터 등에서 열심히 노동하거나 휴식을 취하고 있는 모습이다. 그리고 그러한 모습들은 무채색의 색감, 두껍고 거친 질감의 박수근표 표현기법으로 묘사된다. 박수근이 떠나고 난 뒤 언론은 '박수근은 매우 개성적인 작가로 회백색계의 단조로운 색조의 두꺼운 색층과 오톨도톨한 특유의 마티에르를 가지고 한국의 토속적인 정서를 진하게 담았다'[5]고 말하고, 평론가는 '한눈팔 겨를 없이 오직 정진과 애정, 영적인 자기 세계를 형성'한 작가일 뿐만 아니라 '한국적 작가의 하나의 이상상'[6]이라고 평가했다. 가장 한국적이면서도 현대적이고, 창의적인 작가가 바로 박수근이라는 이야기다.

박수근의 그림은 거칠면서도 부드럽고, 쓸쓸하면서도 따뜻하고, 무심한 듯하면서도 위안을 주고, 절반의 추상이면서도 회고적이다. '나는 인간의 선함과 진실함을 그려야 한다는, 대단히 평범한 견해를 가지고 있다. 따라서 내가 그리는 인간상은 단순하며, 다채롭지 않다. 나는 그들의 가정에 있는 평범한 할아버지와 할머니, 그리고 물론 어린아이들의 모습을 가장 즐겨 그린다'[7]라고 작가가 죽음을 3개월 앞두고 외국인 지인에게 보낸 편지에서 말한 것처럼, 작가가 인간의 선함과 진실에 주목했고, 또 작가자신이 그런 선함과 진실의 눈으로 그림을 그렸기 때문일 것이다. 그런 인간의 모습들이 단순하지 않을 리 없고, 그런 군상들에 대한 표현이 복잡할 까닭이 없다.

박수근은 병마 앞에 끝내 무릎을 꿇는다. "천당이 가까운 줄 알았는데, 멀어, 멀어……"[8]라는 마지막 말을 남기면서. 이승에서의 삶이 고단했던 탓일까, 그는 떠남을 서둘렀다. 그가 간 곳이 그의 믿음대로 천당이었으면 좋겠다. 그가 이곳 이승에 머물러, 이승은 조금은 더 천당에 가까워졌다. 그의 작품이 주는 부드러움, 따뜻함, 위안 그리고 회고로 사람들이 잠시라도 평안을 느낄 수 있어서.

새도 쉴 둥지 있고
짐승도 몸 눕힐
굴이 있는데

06

김삿갓(1807-1863)

김삿갓이 잠들어 있는 곳
강원도 영월군 김삿갓면 김삿갓로 216-22

천리길 행장을 지팡이 하나에 의지하니
남은 돈 일곱냥은 오히려 많은 것이네
주머니 속 너를 깊이깊이 간직하려 했건만
석양 길 주막에 이르니 아를 어찌할거나

김삿갓 묘 가장 가까운 시비에서

김삿갓의 시는 유쾌하고 통쾌하다. 그러나 그 유쾌함과 통쾌함 속에는 아릿함이 배어 있다. 그것은 웃음으로 승화된 아픔이고, 날(生) 문자로 드러난 은폐된 진실이고, 허무로 위장한 의지이자 격려이기 때문이다. 그 드러남과 감춤은 풍자와 해학으로 연결된다. 김삿갓의 세상 비틀기에 양반, 부자의 위선과 권위는 여지없이 무너지고 약자와 서민은 힘을 얻고 환호하고 눈물짓는다. 김삿갓이 방랑 시인이자 천재 시인 그리고 민중 시인으로 불리는 이유다.

김삿갓은 술과 여인, 구름을 사랑했다. 그리고 위선과 권위, 형식을 미워했다. 그래서 그는 파자시(破字詩)를 즐기고, 아무렇지도 않은 듯 고급스럽게 상욕 시(詩)를 뱉어내고, 이두식 표현을 써가면서 시선(詩仙)의 재주로 시대를 마음껏 조롱했다. 조선 양반 문학의 이단아 김삿갓.

김삿갓의 본래 이름은 김병연이다. 병연은 경기도 양주에서 태어나 네 살 때인 1811년 홍경래의 난 때 선천방어사로 있던 조부 김익순이 홍경래에게 항복한 죄로 집안이 멸족에 처해지게 된다.

45

네 살 난 병연은 하인의 도움으로 형과 함께 황해도 곡산으로 몸을 피해 집안의 내력을 모른 채 자란다. 후에 조정이 김익순의 죄를 멸족(滅族)까지는 묻지 않고 폐족(廢族)에 그침에 따라 김병연은 집으로 돌아와 강원도 영월로 이사하고, 그곳에서 장수 황씨와 결혼한다.

19세 되는 해 병연은 영월군에서 주최하는 백일장에 나가 장원을 한다. 백일장 시제(詩題)는 '가산 군수 정시의 충성스러운 죽음을 논하고 김익순의 죄를 탄식해 하늘에 고하라'였다. 홍경래 난 때 일개 문관으로 끝까지 싸우다 죽은 정시와, 방어사라는 높은 관직에 있으면서 싸워보지도 않고 항복한 김익순을 비교해 비판하라는 내용이었다. 상을 타서 집에 돌아온 병연은 어머니로부터 만고의 역적으로 자신이 신랄하게 비판한 김익순이 바로 자신의 조부라는 사실을 전해 듣는다. 병연은 조상을 욕한 자손임을 부끄럽게 여겨 벼슬길을 버리고 방랑길에 오른다. 그리고 스스로 하늘을 쳐다볼 수 없는 부끄러운 죄인이라 생각해 삿갓을 깊이 눌러 쓰고 죽을 때까지 세상을 떠돈다. 그러면서 발길 닿는 곳마다 시를 남긴다.

김병연은 1863년 전라남도 화순군 동북에서 객사한다. 죽은 뒤 아들 익균에 의해 강원도 영월 생가가 있는 곳으로 유해가 옮겨진다.

김삿갓은 술을 사랑했다. 해는 뉘엿뉘엿하고 오랜 걸음에 몸은 노곤한데 김삿갓의 눈앞에 주막이 나타났다. 방랑자는 유일한 벗, 술의 유혹을 뿌리치기 힘들다. 주머니에는 전 재산 일곱 냥, 김삿갓은 망설인다. 시 '주막에서 술은 마시고 싶은데(艱飮野店)'다.

천리길 행장을 지팡이 하나에 의지하니(千里行裝付一柯)
남은 돈 일곱냥은 오히려 많은 것이네(餘錢七葉尙云多)
주머니 속 너를 깊이깊이 간직하려 했건만(囊中戒爾深深在)
석양 길 주막에 이르니 이를 어찌할거나(野店斜陽見酒何)[1]

김삿갓은 여인들을 사랑했다. 그중 기생 가련은 그의 애정시에 여러 번 등장하는 여인이다. 첫 만남 첫날밤 남녀는 시로 대화한다. 앞 연이 김삿갓의 말이고, 뒤 연이 가련의 대답이다. 소위 남녀상열지사로 노골적이지만 그 표현이 절묘하고 격까지 있다. 시 '첫날밤에(初夜)'다

털이 깊고 속이 넓은 걸 보니(毛深內闊)
필시 누군가 지나간 자취로다(必過他人)

뒷동산 누런 밤은 벌이 쏘지 않아도 저절로 벌어지고(後園黃栗不蜂坼)
시냇가 수양버들은 비가 오지 않아도 저절로 자라는도다(溪邊楊柳不雨長)

김삿갓은 불쌍하고 가난한 이들을 측은해했다. 김삿갓이 종일 굶고 걷다 어느 가난한 집을 찾아 한 끼를 청했다. 찢어지게 가난한 내외가 쌀독 바닥을 긁어모아 정성 들여 희여멀건한 죽한 사발을 내놓았다. 희여멀겋다 못해 투명할 정도다. 내외는 음식을 내놓고도 미안해 어쩔 줄을 모른다. 김삿갓이 가난의 아픔을 유쾌함으로 승화한다. 시 '죽 한 그릇(粥一器)'이다.

> 다리 네 개의 소나무 밥상에 놓인 죽 한 그릇(四脚松盤粥一器)
>
> 푸른 하늘과 흰 구름이 죽 위에 어른거리는구나(天光雲影共徘徊)
>
> 주인이여, 무안해하거나 미안타 말하지 마오(主人莫道無顏色)
>
> 내가 본래 물에 비치는 청산을 즐기는 사람이니(吾愛靑山倒水來)

김삿갓은 위선과 권위, 형식을 싫어했다. 위선과 권위, 형식은 모순을 낳고 가짜가 진짜를 억압하고 세상을 요지경으로 만들기 때문이다. 김삿갓은 그 요지경 세상을 시로 표현했다. 시 '거짓으로 읊는 시(虛言詩)'다

> 푸른 산 응달진 곳에 사슴이 알을 품고(靑山影裡鹿抱卵)
>
> 흰 구름 지나는 강변에선 게가 꼬리를 치는구나(白雲江邊蟹打尾)
>
> 석양에 산사로 돌아가는 중의 상투가 석자이고(夕陽歸僧髻三尺)
>
> 베틀 위에서 베를 짜는 여인의 불알이 한 말이다(機上織女閪一斗)

김삿갓은 따뜻한 남쪽을 좋아했다. 먹을 것, 입을 것에 절박한 방랑자가 기후가 온화하고 먹거리가 풍부한 남쪽 지방을 좋아할 것은 당연지사였다. 방랑 생활에 지칠 때 김삿갓은 언제나 전라남도 화순 동복의 안참봉 집을 찾았다. 안참봉은 죽마고우 이상으로 언제든 그를 환대했다. 1863년 3월, 기력이 쇠해질 대로 쇠해진 김삿갓은 안참봉 집의 대문을 두드린다. 그리고 하루가 지나 그만 몸져눕고 만다. 안참봉은 만일을 대비해 종이와 붓을 준비한다. 김삿갓은 생애 마지막 시를 쓴다. 그리고 얼마 후 안참봉의 집에서 고단한 방랑자의 삶을 마친다. 그의 나이 57세였다. 김삿갓의 유언인 '내 평생을 돌아보니(蘭皐平生詩)'라는 시 17연 중 첫 2연과 마지막 2연이다.[2]

새도 쉴 둥지 있고 짐승도 몸 눕힐 굴이 있는데(鳥巢獸穴皆有居)

내 한평생 돌아보니 절로 마음 서글퍼지누나(顧我平生獨自傷)

짚신에 죽장 짚고 천리 길을 떠도는 신세이니(芒鞋竹杖路千里)

물처럼 구름처럼 머무르는 곳이 내 집일세(水性雲心家四方)

(중략)

행색이 초라하니 보는 이마다 눈살 찌푸리고(身窮每遇俗眼白)

흐르는 세월 속에 머리만 희어지누나(歲去偏傷鬢髮蒼)

돌아가자니 마음 마뜩찮고 떠돌자니 몸 성치 않으니(歸兮亦難行亦難)

정처 없는 이 방황을 얼마나 더 해야 할는지(幾日彷徨中路傍)

김삿갓은 술과 여인과 구름을 사랑했다. 그래서 술을 벗하고, 여인을 노래하고, 구름을 따라 걸었다. 김삿갓은 위선과 권위와 형식을 미워했다. 그래서 세상을 마음껏 희롱하고 불쌍하고 힘없는 이들의 가난한 마음을 풍자와 익살로 달래주었다. 200년이 지난 지금도 사람들은 김삿갓을 찾는다. 김삿갓은 유쾌하고 통쾌하기 때문이다. 그리고 그 유쾌함과 통쾌함 속에 아릿함이 배어 있기 때문이다.

나는
날마다
운명하였다

07

이상(1910—1937)

이상이 잠들어 있는 곳
미아리 공동묘지에 묻혔으나 유실되어 현재 없음

날개야 다시 돋아라.

날자. 날자. 날자. 한 번만 더 날자꾸나.

한 번만 더 날아 보자꾸나

이상의 소설 《날개》에서

천재가 천재를 알아본다고 한다. 시인 박인환은 이상에 대해 '당신은 나에게/환상과 흥분과/열병과 착각을 알려 주고/그 빈사의 구렁텅이에서/우리 문학에/따뜻한 손을 빌려 준/정신의 황제'[1]라고 말했다. 시인 김기림은 이상의 죽음에 '필시 죽음에서 진 것은 아니리라. 그는 오늘의 환경과 종족과 무지 속에 두기엔 너무나 아까운 천재였다'[2]라고 말했다.

이상은 자신의 대표작품 《날개》를 "박제가 되어버린 천재'를 아시오? 나는 유쾌하오. 이런 때 연애까지가 유쾌하오'[3]로 시작한다. 독자들은 난감하다. 이상이 천재고 박인환 등 여러 시인들이 천재이겠지만 독자들은 천재가 아니기 때문이다. 이상의 작품은 독자들의 가슴은 물론 머릿속으로도 쉽사리 다가오지 않는다. 시는 특히 더 그렇다. 형식은 물론이고 내용, 심지어 제목까지 그렇다. 그러나 그렇다고 이상을 박인환과 같은 천재들의 시인 또는 소설가로만 그냥 그렇게 남겨둘 수는 없다. 이상의 작품을 한 번이라도 접한 독자라면 그 누구든 감동이든 경악이든 혹은 분노든 혼돈이든 치명적이고도 날카로운 충격 내지 느낌의 기억을 갖고 있을 것이기 때문이다.

이상은 본명이 김해경으로 서울에서 태어나 신명학교와 보성고등보통학교를 거쳐 1929년 경성고등공업학교 건축과를 졸업했다. 졸업 후 조선총독부 건축과 기사로 일하면서 〈조선과 건축〉의 표지도안 현상 모집에 당선되고, 1930년 총독부 발행 잡지인 〈조선〉에 자신의 데뷔작이자 유일한 장편소설인 《12월 12일》을 9차례에 걸쳐 발표한다. 1931년 〈조선과 건축〉에 시 '이상한 가역반응' 등을 발표하고, 1932년에는 〈조선〉 등에 소설 《지도의 암실》 등을 발표한다. 1933년에는 〈가톨릭 청년〉에 시 '1933년 6월 1일' 등을 발표하고, 같은 해 폐병으로 각혈이 있자 직장을 그만두고 온천으로 요양을 간다.

요양지에서 기생 금홍을 만난 이상은 서울로 돌아와 금홍을 불러올려 동거하면서 종로1가에 다방 '제비'를 개업한다. 1934년에는 시 '오감도'를 〈조선중앙일보〉에 연재하다 난해하다는 독자들의 항의로 15회로 연재를 중단한다. 1935년 경영난으로 2년 만에 '제비'를 폐업하고 금홍과 헤어진 이상은 인사동에 카페 '쓰루(鶴)', 명동에 다방 '무기(麥)'를 개업하지만 모두 실패한다.

이듬해인 1936년 잡지 〈조광〉에 소설 '날개'를 발표해 화제를 불러일으키고 같은 해 6월 변동림과 결혼한다. 같은 해 11월 이상은 일본 도쿄로 건너가 사후 발표작인 소설 《종생기》와 수필 《권태》 등을 쓴다. 1937년 이상은 불온사상 혐의로 일본 경찰에 체포되었다 폐결핵 악화로 1달 만에 풀려나 도쿄대 부속병원에 입원한다. 그리고 치료를 받던 중 1937년 4월 17일 27세의 젊은 나이로 세상을 떠난다.

이상의 자화상처럼 각인되어 있는 소설 '날개'는 소설의 내용과 그 시작·끝의 색깔이 다르다. 소설 내용은 어둡고 눅눅하고 권태롭다. '내 몸과 마음에 옷처럼 잘 맞는 방 속에서 뒹굴면서 축 처져 있는 것은 행복이니 불행이니 하는 그런 세속적인 계산을 떠난 가장 편리하고 안일한 말하자면 절대적인 상태인 것이다. 나는 이런 상태가 좋았다'[4]와 같은 무기력한 분위기의 연속이다. 그러나 소설의 첫 줄은 "박제가 되어버린 천재'를 아시오? 나는 유쾌하오. 이런 때 연애까지가 유쾌하오'[5]로 시작된다. 그리고 마지막은 '나는 불현듯이 겨드랑이 가렵다. 아하 그것은 내 인공의 날개가 돋았던 자국이다. 오늘은 없는 이 날개, 머릿속에서는 희망과 야심의 말소된 페이지가 딕셔너리 넘어가듯 번뜩였다. 나는 걷던 걸음을 멈추고 그리고 어디 한번 이렇게 외쳐보고 싶었다. 날개야 다시 돋아라/날자. 날자. 날자. 한 번만 더 날자꾸나. 한 번만 더 날아보자꾸나'[6]로 마무리된다.

이상은 천상 욕망의 지식인이다. 시대의 현실이, 그리고 시대와 결코 타협할 수 없는 여린 그의 고뇌가 그를 처지게 하고 뒤틀리게 했다. 그는 자신의 처지고 뒤틀린 모습을 세밀화를 그리듯, 인물화의 표정을 그리듯 치밀하게 내면 묘사함으로써 지식인의 현실에서의 한계와 지식인의 억압되고 왜곡된 상황과의 불화 의지를 동시에 문학적으로 드러냈다.

소설은 친절한 편이다. 시로 들어가면 이상은 불친절하다 못해 불쾌하기까지 하다. 이상의 '오감도' 연작시 '시 제1호'다.

13인의아해(兒孩)가도로로질주하오.

(길은막다른골목이적당하오.)

제1의아해가무섭다고그리오.

제2의아해도무섭다고그리오.

(중략)

제13의아해도무섭다고그리오.

13인의아해는무서운아해와무서워하는아해와그렇게뿐이모였소.

(다른사정은업는것이차라리나았소.)

(이하 생략)[7]

띄어쓰기 무시는 그렇다 치더라도 시 내용이 당혹 내지는 파격 그 자체다. '오감도'는 연재 중에 독자들의 항의로 중단된다. 중단되기까지 연재된 것이 15회다. 지금의 독자들은 '왜?' 하고 질문할 것이다. 그리고 그 질문의 의미는 '왜 중단했지?'가 아니라 아마도 '왜 15회나 연재되었지?'일 것이다.

이상의 묘는 없다. 미아리 공동묘지에 묻혔으나 돌보는 이 없고 유실되어 지금은 찾을 길이 없다. 그러나 다행스럽게 그의 묘비명은 읽어볼 수 있다. 그가 자신의 묘비명인 《종생기(終生記)》를 미리 써놓았기 때문이다. 《종생기》에서 이상은 '그날 하루하루가 '인생은 짧고 예술은 길다랗다'하는 엄청난 평생이다. 나는 날마다 운명하였다. (중략) 열세 벌의 유서가 거의 완성해 가는 것이었다. 그러나 그 어느 것을 집어내 보아도 다 같이 서른여섯 살에 자살한 어느 '천재'가 머리맡에 놓고 간 개세(蓋世)의 일품(逸品)의 아류에서 일보를 나서지 못했다. 내게 요만 재주밖에는 없느냐는 것이 다시없이 분하고 억울한 사정이었고 또 초조의 근원이었다'[8]라고 말하고 있다.

그의 작품 어디에서나 볼 수 있는 작가 1인칭의 게으름, 권태, 무기력과 달리, 실제 이상의 삶은 매일같이 '인생은 짧고 예술은 길다랗다'를 되뇌는 치열한 그런 것이었음을 읽을 수 있다. 아울러 그의 평범치 않은 삶과 문학이 더 뛰어난 작품을 남길 수는 없을까 하는 초조감의 발로였음도 엿볼 수 있다.

작가의 은연중 범재(凡才) 고백에도 불구하고 역시 이상은 천재다. 이상은 《종생기》에서 자신의 삶이 끝나는 날을 1937년 3월 3일(음력)[9]로 정하고 있다. 양력으로 계산하면 1937년 4월 13일이다. 실제 그가 죽은 날인 1937년 4월 17일과 4일밖에 차이가 나지 않는다. 범재임을 애써 강조하면서 결과적으로 자신의 천재성을 확실하게 증거하고 있다. 이상은 천재다. 그러고 보니 유쾌하기까지 하다. 이상은 유쾌한 천재다.

지금 그 사람
이름은 잊었지만
그 눈동자 입술은
내 가슴에 있네

08

박인환(1926-1956)

박인환이 잠들어 있는 곳
서울시 중랑구 망우동 망우리공원묘지(묘지번호 102308)

인생은 외롭지도 않고
그저 잡지의 표지처럼 통속하거늘
한탄할 그 무엇이 무서워서 우리는 떠나는 것일까

박인환의 묘 입구 비명(碑銘)

　　작가 이봉구는 박인환을 '구름처럼 왔다가 바람같이 가 버린 시인'[1]이라 했다. 그랬다. 박인환은 구름처럼 왔다 서른 안 된 어느 날 목마를 타고 홀연히 떠났다. 쓰러진 술병 속에 바람소리만을 가득 남긴 채.

　박인환은 강원도 인제에서 태어나 주로 서울에서 자라고 살았다. 서울 덕수공립소학교와 황해도 명신중학교를 졸업하고 평양의학전문학교를 중퇴했다. 박인환은 1945년 서점 '마리서사'를 열어 문학인들과 가까이 지내면서 시를 쓰기 시작한다. 1948년 서점을 닫은 박인환은 같은 해 결혼하고, 자유신문사, 경향신문사 그리고 대한해운공사 등으로 직장을 옮겨 다니며 시작(詩作)을 병행한다. 1955년 시집 《박인환선시집》을 펴내고 1956년 심장마비로 세상을 떠난다.
　시인의 젊은 날, 시대의 색깔은 온통 어두움, 우울, 결핍이었다. 전쟁 막바지 일제의 발악과 광기, 광복을 따라온 무질서 그리고 민족상잔이 낸 생채기들이었다. 박인환은 그 끝 모를 깊은 생채기들을 허무와 자조의 언어로 핥고 달랬다. '목마와 숙녀'라는

역설의 카타르시스로.

한 잔의 술을 마시고

우리는 버지니아 울프의 생애와

목마를 타고 떠난 숙녀의 옷자락을 이야기한다

목마는 주인을 버리고 그저 방울소리만 울리며

가을 속으로 떠났다

술병에서 별이 떨어진다

상심(傷心)한 별은 내 가슴에 가볍게 부서진다

그러한 잠시 내가 알던 소녀는

정원의 초목 옆에서 자라고

문학이 죽고 인생이 죽고

사랑의 진리마저 애증의 그림자를 버릴 때

목마를 탄 사랑의 사람은 보이지 않는다

세월은 가고 오는 것

한때는 고립을 피하여 시들어 가고

이제 우리는 작별하여야 한다

술병이 바람에 쓰러지는 소리를 들으며

늙은 여류작가의 눈을 바라다보아야 한다

…등대(燈臺)에…

불이 보이지 않아도

그저 간직한 페시미즘의 미래를 위하여

우리는 처량한 목마(木馬) 소리를 기억하여야 한다

모든 것이 떠나든 죽든

그저 가슴에 남은 희미한 의식을 붙잡고

우리는 버지니아 울프의 서러운 이야기를 들어야 한다

두 개의 바위틈을 지나 청춘을 찾은 뱀과 같이

눈을 뜨고 한 잔의 술을 마셔야 한다

인생은 외롭지도 않고

그저 잡지의 표지처럼 통속하거늘

한탄할 그 무엇이 무서워서 우리는 떠나는 것일까

목마는 하늘에 있고

방울소리는 귓전에 철렁거리는데

가을 바람소리는

내 쓰러진 술병 속에서 목메어 우는데

1956년 아직 이른 봄밤, 명동의 술집 '경상도집'에서 한 잔의 술을 앞에 두고 박인환은 시를 써내려간다. 함께 있던 이진섭이 곡을 붙이고 임만섭이 노래한다.[2] 비탄에 빠진 세상의 모든 연인들을 위한 불멸의 '명동 엘레지'가 탄생한다. 시인의 '세월이 가면'이다.

지금 그 사람 이름은 잊었지만

그 눈동자 입술은

내 가슴에 있네
바람이 불고
비가 올 때도
나는
저 유리창 밖 가로등
그늘의 밤을 잊지 못하지

사랑은 가고 옛날은 남는 것
여름날의 호숫가 가을의 공원
그 벤치 위에
나뭇잎은 떨어지고
나뭇잎은 흙이 되고
나뭇잎에 덮여서
우리들 사랑이
사라진다 해도

지금 그 사람 이름은 잊었지만
그 눈동자 입술은
내 가슴에 있네

내 서늘한 가슴에 있네

명동의 샹송 '세월이 가면'을 쓰고 1주일이 지난 1956년 3월 20일 박인환은 그가 고뇌했던 페시미즘의 시대, 그가 가슴 아파했던 세상의 모든 청춘들을 뒤로하고 길을 떠난다. 방울소리 울리며 목마가 갔던 그 쓸쓸함의 기억 속으로. 세월은 가고 시인은 남는다. 비명(碑銘)으로 그리고 사랑에 기쁘고 사랑에 지치고 사랑을 증오하는 모든 연인들의 가슴속에.

내가 인제
나비같이
죽겠기로

09

정지용(1902–1950)

정지용이 잠들어 있는 곳
6·25 때 납북되어 남한에 묘 없음

넓은 벌 동쪽 끝으로
옛 이야기 지줄대는 실개천이 휘돌아 나가고,
얼룩백이 황소가
해설피 금빛 게으른 울음을 우는 곳

정지용의 시 '향수'에서

시인 정지용은 대중가요 노랫말이 된 그의 시 '향수'로 유명하다. 1989년 김희갑이 작곡하고 테너 박인수와 대중가수 이동원이 함께 부른 노래 〈향수〉로다. 정지용은 '통일문학의 아버지'로 기대받기도 한다. 남과 북이 모두 인정하고 높이 평가하는 시인이기 때문이다. 그러나 양쪽의 인정과 높은 평가가 처음부터 그랬던 것은 아니다.

남한은 1988년, 북한은 1995년부터 그를 인정하고 그와 그의 작품에 채웠던 족쇄를 풀었다. 그때까지 정지용은 남한에서는 월북 시인, 북한에서는 반공 시인으로 그 어느 쪽에도 그가 설 자리는 없었다. 월북 시인, 반공 시인 모두 정지용의 뜻이 아니었다. 정치적 활용 가치에 따라 양쪽이 그렇게 정지용을 이용하고 규정했을 뿐이었다. 그는 우리나라 '현대 시의 아버지'로 이상, 박두진, 조지훈, 박목월을 비롯한 여러 시인들을 발굴해 그들에게 영향을 미치고, 또 '동시(童詩)의 아버지'로 자라나는 새싹들이 맑은 마음과 희망찬 꿈을 가지고 씩씩하게 자랄 수 있도록 시를 쓰는 시인일 뿐이었다.

정지용은 충북 옥천에서 태어나 1910년 옥천공립보통학교에 입학하고 1913년 11세 때 동갑인 송재숙과 결혼한다. 1914년 보통학교 졸업 후 4년간 한문을 공부하고, 1918년 서울의 휘문고등보통학교에 입학해 재학 중 동인지 〈요람〉을 발간하고, 1919년 3·1 운동 때 교내시위를 주동해 무기정학을 받는다. 1919년 월간종합지 〈서광〉에 소설 '3인'을 발표하고, 1922년 휘문고보 졸업 후 시작(詩作) 활동을 시작한다. 1923년 휘문고보 교비생으로 일본 도시샤대학 영문과에 입학한 정지용은 1926년 유학생 잡지인 〈학조〉 창간호에 '카페 프란스' 등 9편의 시를 발표하면서 본격적으로 문단 활동에 나선다.

1929년 대학 졸업 후 휘문고보 영어과 교사로 부임한 정지용은 1930년 박용철 등과 동인지 〈시문학〉을 발간하고, 1933년 순수문학을 지향하는 김기림 등 8명과 9인회를 결성해 활동하면서 한국 시단을 대표하는 시인으로 자리 잡는다. 같은 해 잡지 〈가톨릭 청년〉의 편집위원에 위촉된 정지용은 이상을 문단에 등단시키고, 1935년 첫 시집《정지용 시집》을 출간한다. 그리고 1939년부터는 〈문장〉의 시 부문 추천위원을 맡아 조지훈, 박두진, 박목월 등을 등단시킨다. 1941년 두 번째 시집인《백록담》을 출간한 정지용은 전쟁 말기 일제의 강압적인 부역 요청에 '이토'라는 작품 하나를 발표한 뒤 작품 활동을 중단한다.

해방 후 이화여자대학교 교수에 취임하고 1946년 〈경향신문〉 편집주간으로 활동한다. 그리고 같은 해 조선문학가동맹 아동분

과 위원장에 추대되고 세 번째 시집 《지용시선》을 펴낸다. 1948
년 정부 수립 후 정지용은 이화여대 교수를 사임하고 은거에 들
어가 《문학독본》, 《산문》 등을 출간한다. 1949년 관변단체인 국
민보도연맹에 가입한 정지용은 1950년 6·25 전쟁 중 북한군에
의해 서대문형무소에 수감되었다 납북된다. 1993년 북한은 정지
용이 납북 중 경기도 동두천 부근에서 미군 폭격에 의해 사망했
다고 발표한다.

시인 정지용은 1989년 만들어진 노래 〈향수〉와 함께 일반인
들에게 알려지기 시작했다. 바로 1년 전인 1988년 3월 30일 그의
작품이 38년 만에 해금되면서다. 정지용의 시 '향수'다.

넓은 벌 동쪽 끝으로
옛 이야기 지줄대는 실개천이 휘돌아 나가고,
얼룩백이 황소가
해설피 금빛 게으른 울음을 우는 곳,
– 그곳이 차마 꿈엔들 잊힐리야.

질화로에 재가 식어지면
빈 밭에 밤바람 소리 말을 달리고,
엷은 졸음에 겨운 늙으신 아버지가
짚베개를 돋아 고이시는 곳,
– 그곳이 차마 꿈엔들 잊힐리야.

흙에서 자란 내 마음

파아란 하늘 빛이 그리워

함부로 쏜 화살을 찾으려

풀섶 이슬에 함초롬 휘적시던 곳,

– 그곳이 차마 꿈엔들 잊힐리야.

전설 바다에 춤추는 밤물결 같은

검은 귀밑머리 날리는 어린 누이와

아무렇지도 않고 예쁠 것도 없는

사철 발 벗은 아내가

따가운 햇살을 등에 지고 이삭 줍던 곳,

– 그곳이 차마 꿈엔들 잊힐리야.

하늘에는 성근 별

알 수도 없는 모래성으로 발을 옮기고,

서리 까마귀 우지짖고 지나가는 초라한 지붕,

흐릿한 불빛에 돌아앉아 도란도란거리는 곳,

– 그곳이 차마 꿈엔들 잊힐리야.

정지용은 25세인 1927년 3월 시 '향수'를 발표한다. 일본 교토의 도시샤대학에 유학하고 있을 때다. 고향은 모든 이의 영원한 안식처다. 슬플 때 마음을 위로해주는 곳, 그곳이 고향이고, 기쁠

때 함께 부둥켜안고 기뻐해줄 이가 있는 곳, 그곳이 고향이다. 삶을 마치고 영원한 안식에 들어갈 때 찾는 곳 역시 나를 낳은 어머니가 잠들어 있는 그곳, 고향이다. 시인의 '향수'는 그곳을 눈앞에 전개되듯 선명히 그리고 있다.

정지용은 1950년 6월 남한에서 마지막으로, 그리고 결과적으로는 시인의 생애 마지막으로 5편의 시를 발표한다. 그중 하나가 '나비'다. '내가 인제/나비같이/죽겠기로//나비같이/날라왔다//검정바단/네 옷 가에/앉았다가//창 훤하니/날아간다.'[1]라는 동시다. 미리 자신의 죽음을 읽고 있었던 것일까. 시인의 촉은 담담한 듯 날카롭다.

정지용은 일찍이 떠났다. 그가 떠날 때 마지막 떠올렸을 그 '향수'도 오랫동안 그와 함께 잠잤다. 그리고 다시 돌아왔다. '향수'가 돌아와 퍽 다행이다. 그로 인해 다시 고향을 생생하게 꿈꿀 수 있게 되었으니.

가난은
내
직업

10

천상병(1930–1993)

천상병이 잠들어 있는 곳
경기도 양주시 광적면 석우리 산19 의정부시립공원묘지

나 하늘로 돌아가리라
아름다운 이 세상 소풍 끝내는 날
가서, 아름다웠더라고 말하리라

죽었다 살아난 이가 둘 있다. 노벨과 천상병
이다. 노벨은 어느 날 신문에서 자신의 부고기사를 읽는다. 물
론 오보였다. 부고기사는 다이너마이트 발명으로 거부(巨富)가
된 그를 '죽음의 상인'으로 표현했다. 충격을 받은 노벨은 자신
의 재산 중 절반 이상을 기부해 노벨상을 만든다. 시인 천상병은
살아생전 자신의 '유고시집'《새》를 만난다. 천상병이 고문의 후
유증 등으로 정신이 온전치 못한 상태에서 어느 날 길에 쓰러져
있다 행려병자로 서울시립정신병원에 수용되었다. 지인들은 갑
자기 행방이 묘연해진 그를 죽었다고 생각해 유고시집을 낸다.
천상병은 살아서 자신의 '유고시집'을 두 눈으로 본 유일무이한
시인이 되었다.

천상병은 시를 남긴다. 인간을 구속하는 무표정의 기술문명
과 사람의 심성을 폐허와 공허로 만드는 무한 경쟁에 숨 쉴 바람
구멍 하나를 뚫는 그런 시를 남긴다. 지치고 신경이 곤두서 있는
이들을 찾아 슬그머니 어루만지며 웃음 짓게 하는 시를.

천상병은 1930년 일본 효고현 히메지시에서 태어나 일본 현지

에서 초등학교를 마치고 중학교에 들어간다. 1945년 광복과 함께 귀국한 천상병은 마산중학교 3학년에 편입해 국어 교사인 시인 김춘수의 눈에 띄어 1949년 시 '강물'을 〈문예〉에 발표한다. 6·25 전쟁이 일어나자 전쟁 초기 미국 통역관으로 6개월 근무하고 1951년 서울대학교 상과대학에 입학한다. 대학 재학 중 동인지 〈처녀지〉를 발간하고 시작(詩作) 활동과 함께 〈문예〉에 평론을 싣는다.

1952년 천상병은 시인 모윤숙의 추천으로 〈문예〉에 시 '갈매기'를 발표하면서 정식으로 시인으로 등단하고, 1954년 서울대를 중퇴한 후 문학에 전념한다. 천상병은 1964년 김현옥 부산시장의 공보비서로 자신의 삶에서 처음이자 마지막으로 2년간 직장생활을 한다. 1967년 동베를린 간첩단사건에 연루되어 6개월간 고문과 옥고로 심신이 망가진 천상병은 1970년 어느 날 길에 쓰러져 있다 행려병자로 신고되어 서울시립정신병원에 수용된다. 천상병이 갑자기 눈에 보이지 않자 어디선가 사망한 것으로 생각한 지인들은 그의 기존 발표 시들을 모아 유고시집 《새》를 발간한다.

1972년 천상병은 김동리의 주례로 지인의 여동생인 목순옥과 결혼하고, 1979년 《주막에서》, 1984년 《천상병은 천상 시인이다》, 1987년 《저승 가는 데도 여비가 든다면》, 1991년 《요놈 요놈 요 이쁜 놈》과 같은 시집들을 펴낸다. 그 외에 시선집으로 1989년 《귀천》, 1991년 《아름다운 이 세상 소풍 끝나는 날》 등

을 펴낸다. 그리고 1993년 4월 28일 지병인 간경변증으로 사망
한다.

천상병은 가난 속에서 살았다. 그러나 가난을 불행으로 여기
지 않았다. 가난을 자신의 직업으로 생각했다. 그리고 그 속에
서 시의 소재를 찾고 행복을 찾았다. 시인은 한 잔의 커피와 담
배, 밥, 해장술 그리고 버스 값이 있으면 행복해했다. 한 줄의 시
를 쓰는 데 그것이면 족했기 때문이다. 그러나 내일은 걱정이었
다. 내일도 일용할 양식인 한 잔의 커피와 담배, 밥, 해장술 그리
고 버스 값이 제대로 마련될는지 알 수 없는 일이었기 때문이다.
한 자루의 연필과 원고지 그리고 일용할 최소한의 양식을 마련
하는 것이 시인에겐 버거웠다. 시 '나의 가난은'이다.

오늘 아침을 다소 행복하다고 생각하는 것은
한 잔 커피와 갑 속의 두둑한 담배,
해장을 하고도 버스 값이 남았다는 것.

오늘 아침을 다소 서럽다고 생각하는 것은
잔돈 몇 푼에 조금도 부족이 없어도
내일 아침 일도 걱정해야 하기 때문이다.

가난은 내 직업이지만

비쳐오는 이 햇빛에 떳떳할 수가 있는 것은

이 햇빛에도 예금통장은 없을 테니까……

나의 과거와 미래

사랑하는 내 아들딸들아,

내 무덤가 무성한 풀섶으로 때론 와서

괴로왔음 그런대로 산 인생. 여기 잠들다. 라고,

씽씽 바람 불어라……

천상병은 1970년 6월 시 '귀천(歸天)'을 쓴다. 동베를린 간첩단 사건 연루로 6개월간의 고문과 옥고를 치른 이후 불혹을 맞이하면서다. 공자는 '사십이불혹(四十而不惑)'이라 했다. 공자 자신이 나이 마흔에 이르자 세상일에 어느 정도 판단이 서면서 헷갈리지 않게 되었다는 이야기다. 천상병도 불혹(마흔 살)이 되자 불혹(不惑)이 되었다. 마흔이 되어, '죽음'은 이슬처럼 또는 노을처럼 흔적 없이 어느 순간 다시 왔던 곳으로 돌아가는 것이라는 것을 알았고, '삶'은 봄날의 소풍처럼 잠시 놀러온 것, 그래서 삶은 아름다운 것이라는 것을 알았다. 죽음의 의미와 삶의 아름다움을 노래한 천상병의 '귀천(歸天)'이다.

나 하늘로 돌아가리라.

새벽빛 와 닿으면 스러지는

이슬 더불어 손에 손을 잡고,

나 하늘로 돌아가리라.
노을빛 함께 단둘이서
기슭에서 놀다가 구름 손짓하면은,

나 하늘로 돌아가리라.
아름다운 이 세상 소풍 끝내는 날,
가서, 아름다웠더라고 말하리라……

시는 거울이다. 내가 보지 못한 내 얼굴의 일단을 비춰주고 내가 알아차리지 못한 내 심장의 미세한 떨림을 느끼게 해주는 것이 시다. 그래서, 시를 쓰는 이는 어린아이가 되어야 한다. 사물과 사람을 있는 그대로 받아들이고 느낀 대로 반응하는 순수하고 맑은 마음과 눈을 가진 어린아이. 천상병은 '문단의 마지막 순수시인'으로 불린다. 몸은 어른이지만 마음과 눈은 한없이 맑고 고운 어린아이였다는 이야기다. 시간이 지나도 사람들이 시인 천상병을 그리워하는 이유다.

모란이
피기까지는
나는 아직
나의 봄을
기둘리고
있을 테요

11

김영랑(1903–1950)

김영랑이 잠들어 있는 곳
경기도 용인시 처인구 모현읍 오산로 154–62 천주교용인공원묘원

무슨 대견한 옛날였으랴
그래서 못 잊는 오월이랴
청산을 거닐면 하루 한 치씩
뻗어 오르는 풀숲 사이를
보람만 달리는 오월이려라

김영랑의 마지막 발표 시 '오월한'의 중간 연

북 소월, 남 영랑이라 했다. 북쪽에 평안북도 영변의 약산 진달래를 노래한 서정의 극치 김소월이 있다면, 남쪽에는 전라남도 강진 바닷가의 모란을 노래한 서정의 극치 영랑이 있다는 말이다. 사실 김영랑의 시는 서정적 탐미에 한정되지 않는다. 영랑은 뒤로 가면서 계몽도 노래하고 역사도 노래했다. 그러나 우리가 기억하는 시인 김영랑은 서정시인 김영랑일 뿐이다. 경쟁의 무한 순환에 갇힌 이들이 지금 여기 목말라하는 것은 다른 것 아닌 한 떨기 찬란하면서도 슬픈 모란, 풀 아래 웃음 짓는 샘물, 돌담에 속삭이는 햇살과 같은 가슴의 양식들이기 때문이다. 영랑을 떠올리면 우리는 언제든 남녘 강진 오월의 부드러운 바람과 햇살을 느낀다. 그러고는 숨을 쉰다.

본명이 윤식인 김영랑은 전남 강진의 부유한 집안 장남으로 태어나 서당공부를 거쳐 1915년 강진보통학교를 졸업하고 1916년 서울로 올라가 기독교청년학관에서 영어를 공부한다. 같은 해 두 살 연상인 김은하와 결혼한 김영랑은 1917년 휘문의숙(현재의 휘문고등학교)에 입학하고 이때부터 문학·예술에 관심을 갖는다.

1918년 아내와 사별한 김영랑은 3·1 운동이 일어나자 고향 강진으로 내려가 만세운동을 준비하다 일경에 체포되어 6개월 간 옥고를 치른다. 출옥 후 혁명가를 꿈꾸며 중국 상해로 가려 했으나 아버지의 만류로 1920년 일본으로 가 아오야마학원 중학부를 거쳐 아오야마학원 영문과에 진학한다. 그러다 1923년 관동대지진이 일어나자 학업을 중단하고 고향으로 돌아와 차부진 등과 향토문학동인회를 결성해 〈청구(靑丘)〉라는 동인지를 만들고, 1926년 동아일보 사장 송진우의 주례로 원산루씨아여학교 교사인 김귀련과 재혼한다.

김영랑은 1930년 박용철·정지용 등과 만든 동인지 〈시문학〉 창간호에 '동백잎에 빛나는 마음' 등 13편의 작품을 발표하면서 정식으로 시인으로 등단한다. 1934년 4월 〈문학〉 4호에 그의 대표작 '모란이 피기까지는'을 발표하고 1935년 박용철의 주선으로 53편의 작품이 실린 《영랑시집》을 펴낸다.

광복 후 김영랑은 고향에서 우익운동에 참여하다 1948년 제헌 국회의원 선거에 출마해 낙선한다. 그리고 서울로 이사해 1949년 가을 정부의 공보처 출판국장직을 맡는다. 그러다 6·25가 일어나 미처 피난하지 못하고 서울에 은거하던 중 9·28 서울 수복 하루 전인 1950년 9월 27일 유탄의 파편에 다쳐 사망한다.[1]

영랑은 봄을 '찬란한 슬픔의 봄'이라 했다. 사실 봄은 영랑에게만 '찬란한 슬픔의 봄'이지 않다. 누구에게나 그렇다. 피는가

싶던 목련이 검은 눈물 되어 뚝뚝 떨어질 때 화사함은 차라리 아픔이고, 하늘인지 꽃인지 온통 어지러이 난만하던 벚꽃이 시샘 봄바람에 비꽃 되어 쏟아져 내릴 때 눈부심은 되레 허망함이다. 꽃 아닌 삶도 마찬가지다. 만남의 기쁨 바로 뒤에 헤어짐의 아픔이 소리 없이 미소 짓고 있고, 하늘 높이 날아오른 용에게는 이제 내려갈 걱정밖에 남아 있지 않다. 그러나 슬프다고 꽃을 거부하고 아프다고 만남과 상승을 제쳐둘 순 없다. 그것은 사람이 존재하는 이유가 아니니까. 시인은 결국 슬픔일 줄 알면서도 삼백예순날 5월의 모란, 그 '찬란한 슬픔의 봄'을 기다린다. 우리도 마찬가지다. 그렇게 '화사한 아픔의 봄'을, '눈부신 허망함의 봄'을 기다린다. 시 '모란이 피기까지는'이다.

모란이 피기까지는

나는 아직 나의 봄을 기둘리고 있을 테요

모란이 뚝뚝 떨어져 버린 날

나는 비로소 봄을 여읜 설움에 잠길 테요

오월 어느 날 그 하루 무덥던 날

떨어져 누운 꽃잎마저 시들어 버리고는

천지에 모란은 자취도 없어지고

뻗쳐 오르던 내 보람 서운케 무너졌으니

모란이 지고 말면 그뿐, 내 한 해는 다 가고 말아

삼백예순날 하냥 섭섭해 우옵네다.

모란이 피기까지는

나는 아직 기둘리고 있을 테요, 찬란한 슬픔의 봄을

봄이 오는 소리는 생명의 약동으로 소란스럽다. 새싹과 어린 이파리가 다투어들 삐져나오느라 시끄럽고, 날짐승 들짐승들이 겨울을 뚫고 나온 싱싱한 먹이를 찾느라 분주하기 때문이다. 스물일곱 번째의 봄을 맞이하는 시인도 그렇다. 아직 인생의 봄이기 때문이다. 그러나 시인은 애써 고요를 찾는다. 시인마저 소란스러움에 취한다면 그 부드럽게 속살거리는 봄의 햇살, 조용히 웃음 짓는 샘물은, 그리고 실비단 같은 하늘은 누가 그려낸단 말인가. 그래서 시인에게 봄은 약동 아닌 관조의 계절이다. 시 '돌담에 속삭이는 햇발'이다.

돌담에 속삭이는 햇발같이

풀 아래 웃음 짓는 샘물같이

내 마음 고요히 고운 봄길 위에

오늘 하루 하늘을 우러르고 싶다

새악시 볼에 떠 오는 부끄럼같이

시의 가슴 살포시 젖는 물결같이

보드레한 에메랄드 얇게 흐르는

실비단 하늘을 바라보고 싶다

영랑은 생의 마지막 순간까지 5월을 노래했다. 그리 무슨 대단했던 기억이 있는 것도 아니지만 5월이 가면 다시 또 다음의 5월을 벌써부터 기다린다. 시인에겐 하루가 다르게 무성히 생장하는 그 5월만이 삶의 의미이자 기쁨이기 때문이다. 목매던 기대가 지나고 난 뒤 그냥 인생 도상의 그러그러한 요철이었다는 것을 기억하지 못하는 건 아니지만 또 기대를 품고 마는 것이 인간이다. 영랑이 1950년 6월 생애 마지막으로 〈신천지〉에 발표한 시 '5월한(五月恨)'의 중간 연이다.

무슨 대견한 옛날였으랴
그래서 못 잊는 오월이랴
청산을 거닐면 하루 한 치씩
뻗어 오르는 풀숲 사이를
보람만 달리던 오월이러라

6·25가 일어나기 3일 전인 6월 22일 영랑의 고향 친구 차부진이 서울의 영랑 집을 찾는다. 영랑은 차부진과 사흘을 함께 보내면서 몇 번이나 고향으로 돌아가고 싶다 말한다. 6월 24일 차부진은 남녘행 기차에 오르고 영랑은 차부진을 떠나보낸다. 그리고 3개월이 지난 9월 27일 영랑은 남과 북의 공방전 속에서 유탄을 맞고 세상을 떠난다.

삶의 마지막 순간 영랑의 눈앞을 스치는 것은 무엇이었을까?

차부진의 마지막 뒷모습이었을까 남겨진 아내와 자식들이었을
까? 아마도 강진 고향 집의 마당 그득한 모란, 돌담, 햇살 그리
고 남녘의 바다가 실어다주는 부드러운 바람 아니었을까. 우리
가 영랑을 생각하면 떠오르는 바로 그것들.

오늘밤에도
별이 바람에
스치운다

12

윤동주(1917-1945)

윤동주가 잠들어 있는 곳
중국 길림성 용정시 합정리 동산교회 묘지

죽는 날까지 하늘을 우러러 / 한점 부끄럼이 없기를, / 잎새에 이
는 바람에도 / 나는 괴로워했다. / 별을 노래하는 마음으로 / 모
든 죽어가는 것을 사랑해야지 / 그리고 나한테 주어진 길을 / 걸
어가야겠다. / 오늘밤에도 별이 바람에 스치운다[1]

서시(序詩)

시인 윤동주는 만주 북간도의 명동촌에서 태
어나 명동과 용정에서 소·중학교를 마치고 1938년 서울의 연희
전문학교 문과에 진학한다. 1941년 12월 연희전문학교를 마친
윤동주는 이듬해 일본 도쿄의 릿쿄(立敎)대학에 유학해 영문학을
전공하다 같은 해 교토의 도시샤(同志社)대학으로 학교를 옮긴
다. 그리고 도시샤대학 재학 중인 1943년 7월 항일운동 혐의로
일경에 체포되어 2년형을 선고 받고 후쿠오카 형무소에서 복역
하던 중 1945년 2월 16일 28세의 나이로 옥사한다.

윤동주 시의 자양분은 네 가지로 여겨진다. 태어나고 자랐던
만주 명동촌의 아름다운 자연환경, 태어날 때부터 소·중·전문·
대학에 이르기까지의 시종일관된 기독교적 환경, 명동촌과 용정
그리고 연희전문학교 시절 형성된 민족의식, 같은 문학소년이었
던 문익환, 송몽규 친구들과의 따뜻한 우정 네 가지다.
윤동주는 1941년 연희전문학교 졸업을 앞두고 《하늘과 바람
과 별과 시》라는 제목의 시집을 낼 것을 계획한다. 그리고 그때
시집의 '들어가는 말'을 쓴다. 지금의 '서시(序詩)'다. '서시'는 조선

말과 민족·역사의식의 세례를 듬뿍 받던 연희 시절 마무리 때의 시인의 언어다. 정화되고 승화된 윤동주 언어의 결정체다. 맑고 고우면서 아프고 굳다. 아니 굳은 느낌마저도 차라리 여리고 고통스럽다. 윤동주는 죽어서 별이 된다. 그 별은 '서시(序詩)'다. 시인이 태어나고 묻힌 북간도의 용정중 교정에서, 짧은 생의 마지막을 보냈던 교토의 도시샤대학 교정에서 그리고 고뇌로 밤을 새우며 시상을 다듬었던 신촌 연세대의 교정에서 시비(詩碑, 시를 새긴 비석) 속 별이 되어 아시아를 만나고 있다.

식민지 나라의 시인은 스물여덟 짧은 생 마지막 언어를 도쿄의 하숙집에서 토해낸다.

창밖에 밤비가 속살거려
육첩방(六疊房)은 남의 나라,

시인이란 슬픈 천명(天命)인 줄 알면서도
한 줄 시를 적어 볼가,

땀내와 사랑내 포근히 품긴
보내주신 학비봉투를 받어

대학 노-트를 끼고
늙은 교수의 강의 들으려 간다.

생각해 보면 어린때 동무를

하나, 둘, 죄다 잃어 버리고

나는 무얼 바라

나는 다만, 홀로 침전(沈澱)하는 것일가?

인생은 살기 어렵다는데

시가 이렇게 쉽게 씌어지는 것은

부끄러운 일이다.

육첩방(六疊房)은 남의 나라

창밖에 밤비가 속살거리는데,

등불을 밝혀 어둠을 조곰 내몰고,

시대처럼 올 아침을 기다리는 최후의 나,

나는 나에게 적은 손을 내밀어

눈물과 위안으로 잡는 최초의 악수²⁾

　시인의 유작(遺作)이 되고 만 '쉽게 씌어진 시'다. 식민지 나라 시인된 자로서의 고뇌가 한량없다. 마찬가지로 윤동주의 언어로 정화되고 승화된 고뇌다. 시인은 1945년 2월 16일 별이 되어 떠

난다. 광복 180일을 앞두고다. 스물여덟의 윤동주가 더욱 아프
게 다가오는 까닭이다.

Part 2

진 眞 무엇을 위해 살 것인가?

'나는 인간의 선의지(善意志) 이것 밖에는 인간의 우월성을 인정하고 싶지 않다. 온갖 모순과 갈등과 증오와 살육으로 뒤범벅이 된 이 어두운 인간의 촌락에 오늘도 해가 떠오르는 것은 오로지 그 선의지 때문이 아니겠는가.'

_법정의 '미리 쓰는 유서'에서

'너희가 이 가장 작은 이들 가운데 한 사람에게 해준 것이 바로 나에게 해준 것이다.'

_이태석 신부의 묘비명(마태25:40)

'우리가 비록 저들의 총탄에 죽는다고 할지라도 그것이 우리가 영원히 사는 길입니다. 이 나라의 민주주의를 위해 끝까지 뭉쳐 싸워야 합니다. 그리하여 우리 모두가 불의에 대항하여 끝까지 싸웠다는 자랑스런 기록을 남깁시다. 이 새벽을 넘기면 기필코 아침이 옵니다.'

_1980년 5월 26일 계엄군의 유혈진압작전을 앞두고
윤상원이 마지막으로 동료들에게 남긴 말

서로
사랑하라

01

이태석(1962–2010)

이태석 신부가 잠들어 있는 곳
전남 담양군 광주 대교구 성직자 묘지 내 살레시오회 묘역

2010년 4월 11일 한 TV 프로그램이 전국의 시청자를 울렸다. KBS1의 휴먼다큐 〈울지마 톤즈〉였다. 20여 년간 내전을 겪은 아프리카의 오지 톤즈에서 7년 동안 사람들의 몸과 영혼을 치료하다 하느님의 부름으로 사랑하는 이들의 곁을 떠나게 된 한 의사 사제의 휴먼스토리였다.

프로그램 이름은 '울지마 톤즈'였지만 사제의 고귀했던 삶과 안타까운 떠남의 순간을 보는 이들은 눈물을 흘리지 않을 수가 없었다. 그의 희생적인 삶, 마지막 순간까지 다시 그곳 아프리카 오지로 돌아가고자 하는 그의 숭고한 의지, 그가 떠나가고 난 뒤의 주인 잃은 병원과 사제실 그리고 그를 향한 톤즈 사람들의 아린 그리움이 사람들을 울렸다. 많은 사람들에게 아픔을 남긴 이, 그는 '수단의 슈바이처'라 불리는 이태석 신부였다.

신부에 대한 기억이 희미해질 무렵인 2019년 12월, 사람들은 깊은 감동과 큰 기쁨에 빠진다. 먹을 것 입을 것 하나 제대로 없고 말라리아와 콜레라가 일상인 그곳 톤즈에서 신부가 한국으로 유학 보낸 두 젊은이가 신부와 같은 의사가 되었다는 언론의 소식이었다. 예수가 수많은 또 다른 예수를 낳은 것처럼 '수단의 슈바이처'가 또 다른 슈바이처를 낳은 것이다.

전문의가 된 이태석 신부의 제자 토마스 타반 아콧은 의대를 졸업하는 날 이태석 신부 생각에 기쁘기보다 오히려 마음이 아팠다고 했다. 다른 제자인 존 마옌 루벤 역시 졸업식장에 이태석 신부가 함께할 수 없는 것을 안타까워하면서 인턴을 마치는 대로 고향 톤즈로 돌아가 이태석 신부의 뜻을 따르겠다고 했다. 이태석은 고통 받고 희망 잃은 이들의 몸과 영혼을 치료해준 의사, 사제일 뿐만 아니라 사람을 키운 교육자이기도 했다.

이태석은 1987년 의과대학을 졸업하고 군의관으로 군복무를 마친 뒤 1992년 광주가톨릭대학교 신학과에 편입한다. 1994년 1월 첫 서원을 하였으며 1995년부터 2년간 불우청소년을 위한 사목 실습을 하다 1997년 1월 로마 교황청의 살레시오대학교로 유학을 떠난다. 2000년 4월 살레시오수도회에서 종신 서원 (誓願: 보다 선하고 훌륭하게 살겠다고 하느님에게 약속하는 일)을 하고 같은 해 6월 로마의 예수성심성당에서 부제 서품을 받은 뒤 이듬해인 2001년 6월 살레시오대학교를 마치고 한국으로 귀국한다. 그리고 2001년 6월 24일 서울 구로3동 성당에서 오랫동안 꿈꾸어왔던 사제 서품을 받는다.

서품을 받고 5개월이 지난 2001년 11월 신부 이태석은 선교사제로 아프리카에서도 가장 오지인 수단의 남부 톤즈를 향한다. 신부이자 의사인 이태석은 오랫동안의 내전으로 폐허가 된

수단에서 말라리아와 콜레라에 무방비로 죽어가는 주민들과 나병 환자들의 치료를 위해 병원을 세우고 원주민들을 계몽하기 위해 학교를 세운다. 그리고 사람들의 위생 개선을 위해 우물을 파고 전쟁에 다친 아이들의 마음을 치료하기 위해 음악을 가르친다. 톤즈에서 치료와 교육 그리고 생활 개선과 함께 선교 사업을 한 지 7년이 지난 2008년 11월, 이태석은 휴가차 귀국한 한국에서 대장암 3기 판정을 받는다. 그리고 2010년 1월 14일 48세를 일기로 선종한다.

이태석이 톤즈로 선교를 가게 된 것은 1999년 로마에서 공부하던 중 여름방학 때 한참 전쟁 중인 톤즈를 찾아 열흘간 머무르면서 갖게 된 소명의식 때문이었다. 하루 한 끼도 제대로 먹지 못하는 사람들, 부서진 건물, 수족이 없는 장애인들, 거리를 누비는 헐벗은 사람들을 보고 그는 충격을 받았다. 그러다 어느 날 그는 나병 환자 마을을 찾는다. 그리고 그곳 나병 환자들에게서 이태석은 예수님의 존재를 느낀다.[1] 이태석은 그때의 느낌을 "제게 예수님은 슬픔의 늪에서 피어난 아름다운 꽃과 같은 느낌으로 다가왔습니다. 그때 저는 예수님의 부족한 손과 발이 되어 그들과 함께 살고 싶은 강한 소명을 느끼게 되었습니다"[2]라고 한 강론에서 고백한다.

이태석은 사제 서품을 받은 뒤 톤즈로 다시 돌아올 것을 다짐하면서 로마로 돌아간다. 그리고 2년 뒤 자신과의 약속대로 톤즈로 돌아온다. 말라리아와 콜레라가 창궐하고 모든 사람들이

외면하는 가장 보잘것없는 수많은 나병 환자, 아니 수많은 예수
가 있는 그곳 톤즈로.

　예수는 '너희는 내가 굶주렸을 때에 먹을 것을 주었고 목말랐
을 때에 마실 것을 주었으며 나그네 되었을 때에 따뜻하게 맞이
하였다. 또 헐벗었을 때에 찾아주었다'(마태오 25:35-36)라고 말하면
서, 굶주리고 목마르고 헐벗은 이에게 해준 것이 바로 예수 당신
에게 해준 것이라 말한다. 이태석이 그랬다. 굶주리고 목마르고
헐벗은 이에게 음식을, 깨끗한 물을 그리고 입을 옷을 주었다.
그래서 사람들은 그의 영혼이 잠들어 있는 곳에 작은 돌 하나를
세워 나지막이 뒷면에 '너희가 이 가장 작은 이들 가운데 한 사
람에게 해준 것이 바로 나에게 해준 것이다(마태25:40)'라고 새겼다.
하느님의 오른편에 앉아 있는 이태석을 그리면서.

　많은 이들에게 아픈 그리움만을 남기고 안식에 들어간 사제
의 방에는 짧은 글귀 하나가 조용히 공간을 지키고 있다. 'Love
One Another', '서로 사랑하라'는 내용이다. 글귀의 주인은 '사
랑'에 특별한 힘이 있다고 믿었다. '사랑의 힘'이야말로 진실로 세
상을 바꿀 수 있다고 생각했다.[3] 그래서 이태석은 톤즈에 수십
년간 울려 퍼지던 총성 대신 클라리넷과 플루트 그리고 트럼펫
의 아름다운 음악소리가 울려 퍼지게 했다. 전쟁의 잔혹함과 두
려움에 익숙해 있던 톤즈의 아이들은 "총과 칼들을 녹여 그것으
로 클라리넷과 트럼펫을 만들면 좋겠다"[4]고 이태석에게 말했다.
돌보다도 딱딱했던 아이들의 마음이 먼저 녹아내렸다. 신부의

사랑이 아이들을 바꾸고 톤즈를 바꾸고 그리고 지금 우리들의
마음까지 녹이고 있다.

　신부의 마지막 떠나는 모습을 KBS1 휴먼다큐팀의 도움으로
영상으로 접한 톤즈의 아이들은 누구보다 그들을 사랑했던 신
부 이태석을 떠나보내는 마지막 노래를 우리나라 말로 부른다.
〈사랑해 당신을〉이었다.

　사랑해 당신을 정말로 사랑해
　당신이 내 곁을 떠나간 뒤에
　얼마나 눈물을 흘렸는지 모른다오
예예예예예예예예예예예예예예예
　사랑해 당신을 정말로 사랑해

　사제 이태석은 '사랑'이었다.

내 죽음을
헛되이
말라

02

전태일(1948–1970)

전태일 열사가 잠들어 있는 곳
경기 남양주시 화도읍 경춘로 2110번길 8–102 모란공원묘지

세월이 흐를수록 더욱 생생하게 되살아나는 죽음이 있어
여기 한 덩이 돌을 일으켜 세우나니
아아, 전태일. 우리 민중의 고난의 운명 속에
피로 아로새겨진 불멸의 이름이여

전태일 묘비명에서

전태일은 1970년 11월 12일 시위 하루 전날 집을 나온다. 그날 밤은 동료들과 함께 밤새워 플래카드 제작 등 시위 준비를 해야 하기 때문이었다. 아침 식사로 라면을 먹는 태일의 곁에서 다섯 살 아래 동생 순옥이 조심스레 돈이 좀 필요하다고 말했다. 태일은 동생에게 "미안하다"는 말밖에 하지를 못한다. 22세의 가장 태일의 주머니에는 당장 오늘 점심 사먹을 돈도 남아 있지 않았기 때문이었다. 태일은 세 동생과 어머니를 뒤로하고 집을 나선다. 다시는 돌아오지 못할 생애 마지막 출근이었다. 서글픔과 분노, 비장함이 교차하는 그의 손에는 다음 날 '화형식'을 당할 《근로기준법》 책이 들려 있었다.[1]

11월 13일 1시가 가까워지자 평화시장 국민은행 앞길은 긴장감이 돌기 시작했다. 시위 정보를 미리 입수한 평화시장 회사 측 경비원들과 경찰, 형사들이 노동자들이 모이지 못하도록 통제에 들어간 것이다. 시간이 지나면서 500여 명의 평화시장 피복제조업체 노동자들이 국민은행 앞으로 웅성거리며 모여들었다. 건물 3층에서 아래 상황을 살피던 전태일과 그의 동료들은 구호가 적힌 플래카드를 펼쳐 들고 층계를 내려갔다. 그러다 2층에서 형

사들과 맞닥뜨렸다. 몸싸움이 벌어지고 종이로 만든 플래카드
는 힘없이 찢어졌다. 친구들 중 몇몇이 형사들에게 폭행을 당하
고 끌려갔다.

전태일은 남은 동료들을 향해 심각한 표정으로 먼저 내려가
기다리라 말한다. 10분 정도 지나자 건물 앞에서 기다리고 있던
동료들 앞에 전태일이 나타났다. 《근로기준법》 책을 가슴에 품
고 있었다. 몇 걸음이나 걸었을까? 갑자기 전태일의 옷에 불길
이 치솟았다. 온몸에 불이 붙은 채로 전태일은 사람들이 웅성대
고 있는 국민은행 앞을 향해 뛰기 시작했다. "근로기준법을 준수
하라!" "우리는 기계가 아니다!"라고 구호를 외치다 쓰러졌다. 쓰
러진 전태일에게 사람들이 몰려들었다. 전태일이 마지막 온 힘을
다해 울부짖듯 외쳤다. "내 죽음을 헛되이 말라!"[2]고. 노동자 전
태일에게 환희와 희망으로 다가왔던 《근로기준법》, 그러나 그 어
떤 힘도 되지 못하고 오히려 노동자들의 참상을 은폐해 그들을
더 질곡으로 내몰 뿐인 그 《근로기준법》[3]에 대한 '화형식'이 이뤄
졌다. 그리고 꽃다운 나이 22세의 한 청년이 스스로 삶을 마감
했다.

전태일은 1948년 대구에서 2남 2녀의 장남으로 태어났다. 전
태일의 가족은 6·25 전쟁 중 부산으로 피난을 가 잠시 살다
1954년 서울로 이사한다. 전태일은 남대문초등학교 4학년 초
가난으로 학교를 중퇴하고 신문팔이, 구두닦이 등 생업전선에

나선다. 그러다 1965년 17세 때 청계천 평화시장 피복제조업체에 잡일 보조원으로 들어가 재봉 보조원을 거쳐 1966년 재봉사가 되었다가, 다시 재단사 보조를 거쳐 재단사가 된다.

1968년 전태일은 '근로기준법'이라는 것이 있다는 것을 처음으로 알게 된다. '근로기준법'을 통해 노동자의 권리를 알게 된 전태일은 1969년 동료 재단사들과 '바보회'라는 모임을 만들어 평화시장의 노동환경 실태조사와 근로기준법 알리기에 나섰다 해고를 당한다. 한동안 막노동을 하다 전태일은 1970년 9월 다시 평화시장으로 돌아와 '삼동친목회'라는 모임을 만들어 노동환경 개선과 노동조합 결성에 나선다. 그러나 정부와 사업주들의 방해로 결국 실패한다. 전태일과 삼동친목회 회원들은 근로기준법이 사실상 노동자의 권리를 전혀 보장하지 못하고 있다는 것을 세상에 알리기 위해 평화시장 앞길에서 '근로기준법 화형식'에 나선다. 1970년 11월 13일 화형식이 경찰의 방해로 무산되자 전태일은 자신의 몸에 석유를 뿌리고 불을 붙인다. 자신의 손때 묻은 《근로기준법》 책을 가슴에 안은 채. 같은 날 전태일은 끝내 세상을 떠난다.

전태일은 재단사로 일하던 어느 날 재봉을 담당하던 처녀가 재봉틀 위로 새빨간 핏덩이를 토하는 모습을 본다. 급히 돈을 걷어 병원에 데려가 보니 폐병 3기였다. 처녀는 회사로부터 해고를 당하고 결국 죽는다. 충격을 받은 전태일은 자기가 나서서 이 살인적 노동조건을 바꿔보리라 결심한다.[4] 전태일은 근로기준법을 공부하기 시작한다. 당시 서울 평화시장 피복제조업체의 노동조건은 열악하다 못해 살인적이었다. 피복제조 노동자들의 하루 근무 시간이 14~16시간이었으며, 휴일은 한 달에 이틀뿐이었고, 노동자 중 96%가 폐결핵 등 기관지 계통의 질환 그리고 81%가 신경성 위장병을 앓고 있었으며 거의 전체가 안질에 시달렸다. 밀폐된 좁은 공간, 섬유에서 날리는 먼지와 포르말린 냄새, 채광 안 되는 형광등 불빛 아래서의 눈의 혹사, 장시간의 휴식 없는 노동, 극도의 영양 결핍과 같은 것들이 주요 원인이었다. 또 하나 간과할 수 없는 문제는 미성년자 노동이었다. 당시 평화시장 피복제조 노동자 중 48%가 13~17세의 어린 소녀들이었다.[5]

전태일이 처음부터 노동자의 근로조건 개선 수단으로 노동운동을 생각했던 것은 아니었다. 처음에는 자신이 재단사가 되면 어린 여공들을 비롯해 다른 노동자들을 도와 근로조건을 개선할 수 있다고 생각했다. 그런데 막상 재단사가 돼보니 그렇지 않았다. 잡일 보조든 재단사든 결국 사업주의 절대 통제 아래 있었다. 다음으로 생각했던 것이 노동 실태조사를 통한 자료로 기업주와 노동당국에 호소해 근로기준법이 준수되도록 하겠다는 것이었다. 이 방법 역시 통하지 않았다. 기업주나 노동당국 모두에게 노동자는 귀기울일 필요 없는 그냥 무시해도 되는 존재였다. 세 번째 방법은 좀 엉뚱했다. 근로기준법을 모두 준수하고 노동자들에게 인간적인 대우를 해주면서도 얼마든지 돈을 버는 '모범업체'를 직접 만드는 것이었다. 이 '모범업체'가 성공하는 모습을 보여주면 지금의 사업주들도 모두 다 그렇게 따라 할 것이라는 생각이었다. 그러나 모범업체 설립에는 큰돈이 필요했다. 현실적으로 불가능했다. 마지막 방법이 노동운동을 통한 투쟁이었다. 그리고 노동자를 사방으로 둘러싼 그 견고한 억압의 카르텔을 깨부수기 위해서는 '목숨을 건 저항'이 아니면 안 될 것이라는 게 전태일의 결론이었다.[6)]

전태일의 분신자살 사건은 우리나라 노동운동사에 큰 획을 긋는다. 1948년 정부수립 이후 우리나라 노동조합은 정권의 전위대 역할을 하거나 정권의 개발독재 논리와 폭력적 탄압에 눌려 노동자의 열악한 근로조건 개선과 권익 보호에 오랫동안 적극적으로 나서지 못했다. 그 결과가 바로 살인적 장시간 노동, 기본 생계가 불가능할 정도의 저임금, 육체와 정신을 갉아먹는 열악한 노동환경, 기업주와 노동당국의 관행화된 야합적 불법 행위와 같은 것들이었다. 근로기준법이 있었지만 없는 것보다 못했고, 근로감독관이 있고 노동청이 있어도 그들은 사용자의 동업자였지 노동자의 친구가 아니었다. 그런 무기력한 이 땅의 노동역사에 새로운 투쟁과 희망의 신호탄을 쏘아올린 것이 바로 1970년 전태일 분신자살 사건이었고 같은 70년대의 동일방직 사건, YH무역 농성 사건이었다.

오늘날 주 5일을 일하고 주말이면 가족과 함께 휴식을 취할 수 있는 이 땅의 모든 노동자들은 그 질기고도 질긴 어둠의 질곡을 끊기 위해 그 푸르디푸른 삶을 던져 파란 하늘에 흩날리는 붉은 꽃잎 되어버린 그들을 한번쯤은 새겨볼 일이다. 전태일의 묘비명에서처럼.

　분신 후 병원으로 옮겨진 전태일은 저녁이 되면서 혼수상태에 빠진다. 그러다 잠시 힘겹게 눈을 뜬다. 그러고는 들릴 듯 말 듯 한 목소리로 "배가 고프다……"라고 한다. 전날 집을 나오기 전 아침으로 먹었던 라면이 그가 이틀 동안 먹었던 것의 전부였다. 밤 10시가 지나자 전태일의 호흡이 멎었다.[7] 더 이상 굶주림의 고통이 없고, 폭력적 차별이 없고, 얼음보다도 더 차가운 멸시가 없는 세상으로 아름다운 청년 전태일이 떠났다.

앞서서 나가니
산 자여 따르라

03

윤상원(1950—1980)

윤상원이 잠들어 있는 곳
광주광역시 북구 민주로 200 국립 5 · 18민주묘지

우리가 비록 저들의 총탄에 죽는다고 할지라도 그것이 우리가 영원히 사는 길입니다. 이 나라의 민주주의를 위해 끝까지 뭉쳐 싸워야합니다. 그리하여 우리 모두가 불의에 대항하여 끝까지 싸웠다는 자랑스런 기록을 남깁시다. 이 새벽을 넘기면 기필코 아침이 옵니다.

윤상원이 1980년 5월 26일 계엄군의 유혈진압작전을
앞두고 항전에 나서는 동료들에게 남긴 말에서

2019년 6월 TV에서 해외뉴스를 보던 사람들은 깜짝 놀란다. 중국 본토의 '범죄인 인도조례' 제정에 반대하는 홍콩인들의 시위 현장에서 갑자기 귀에 익은 노래가 들려왔기 때문이었다. 그것도 영어나 중국어가 아닌 한국말 원어로 부르는 노래였다. 바로 〈임을 위한 행진곡〉이었다. 사람들은 의아했다. 왜 이 노래가 홍콩에서? 한국 두 젊은이의 영혼결혼식에 바쳐진 축가 아닌 축가, 장송곡 아닌 장송곡, 진혼가 아닌 진혼가인 이 노래가 홍콩인들의 민주주의 투쟁 현장에서 왜?

그렇다. 〈임을 위한 행진곡〉은 이제 더 이상 축가도, 장송곡도, 진혼가도 그 어느 것도 아니었다. 자유와 평등이 질식하고 민중이 억압받는 곳이라면 그 어디든 사람들을 위로하고 용기를 북돋우는 21세기 한국판 '라 마르세예즈(La Marseillaise)'였다. 민주주의를 위해 장렬히 산화한 노래의 주인공 윤상원의 영혼이 함께하는 '민주승전가'였다. 윤 상 원.

윤상원은 광주광역시 광산구 임곡동에서 태어나 임곡초등학교를 졸업한 뒤 광주광역시의 북성중학교와 살레시오고등학교를 졸업한다. 고등학교 졸업 후 삼수 끝에 전남대학교 정치외교

학과에 들어간 윤상원은 연극반 동아리 활동과 함께 학생운동을 주도하면서 졸업 후 노동운동에 뛰어들 것을 계획한다.

1978년 대학을 마치고 주택은행에 입사해 서울로 올라간 윤상원은 반년 만에 사표를 내고 광주로 내려온다. 그리고 본격적인 노동운동을 위해 고졸 학력으로 위장해 공장에 취업한다. 윤상원은 여기서 후에 '영혼 반려자'가 될 22세의 여성 노동운동가 박기순을 만난다. 윤상원은 박기순의 권유로 들불야학(夜學)에 합류하고 박기순은 윤상원과 함께 노동운동과 야학운동에 매진하던 중 연탄가스 중독 사고로 1978년 12월 세상을 떠난다.

1980년 4월 30일 '전국민주노동자연맹' 결성집회 발기인 참가 등 노동운동과 함께 야학 활동에 열중이던 윤상원은 1980년 5월, 운명의 '광주의 5월'을 만난다. 1979년 10월 26일 유신의 심장이 무너진 이후 시작된 전국적인 민주화 요구 시위에 12·12 군사반란으로 실권을 잡은 전두환 신군부가 정권 찬탈을 목적으로 광주를 희생양 삼은 그 '광주의 5월'이다.

계엄군은 작전명 '화려한 휴가'로 적을 대하듯 시위진압에 나선다. 시민들이 계엄군 공수부대의 총과 칼에 죽어나가는 상황에서 언론은 진실을 철저히 왜곡하고 광주는 고립된다. 윤상원은 광주의 상황을 알려야 한다는 생각에 〈투사회보〉를 만들어 돌리고 시민군에 들어가 민주투쟁위원회 대변인직을 맡는다. 그리고 1980년 5월 27일 새벽, 최후의 항전에서 12·12 군사반란으로 실권을 잡은 전두환 신군부의 총탄에 쓰러진다.

5·18 광주민주화운동 2주기를 앞둔 1982년 2월 20일, 윤상원을 그리는 이들은 윤상원과 함께 노동운동과 들불야학을 하다 1년여 앞서 세상을 떠난 박기순과 윤상원의 영혼결혼식을 올린다. 2달 뒤인 4월, 소설가 황석영이 사회운동가 백기완의 옥중시 '묏비나리'의 일부 내용을 차용해 가사를 쓰고 전남대 학생인 김종률이 곡을 붙여 두 영혼에 바치는 노래를 만든다. 결혼 축하곡이기도 하고, 둘이 하나된 영혼을 떠나보내는 장송곡이기도 하고, 젊디젊은 두 영혼을 달래는 진혼가이기도 한 노래를. 〈임을 위한 행진곡〉이다.

사랑도 명예도 이름도 남김없이
한평생 나가자던 뜨거운 맹세
동지는 간데없고 깃발만 나부껴
새날이 올 때까지 흔들리지 말자
세월은 흘러가도 산천은 안다
깨어나서 외치는 뜨거운 함성
앞서서 나가니 산 자여 따르라
앞서서 나가니 산 자여 따르라

세월은 묵묵히 흐르는 영산강처럼 그렇게 무심하지만은 않았다. 1997년 정부는 5·18 민주화운동 기념일을 국가기념일로 승격하고 정부 주관으로 첫 기념식을 열었다. 그리고 〈임을 위한 행진곡〉을 제창했다. 그러다 12년이 지난 2009년 이명박 정부는 〈임을 위한 행진곡〉 제창을 공식 식순이 아닌 식전 행사로 옮기고, 2011년부터는 공식 식순에는 포함되지만 참가자 모두가 함께 부르는 제창이 아닌 합창단만 부르는 합창 방식으로 바꾼다. 환영받지 못한 광주 5월의 상징 〈임을 위한 행진곡〉은 2017년 문재인 정부 들어서야 다시 제자리로 돌아온다. 홍콩, 중국, 태국, 말레이시아, 인도네시아, 미얀마, 대만 등 여러 나라 민주주의와 자유 투쟁 현장에서 애창되는 〈임을 위한 행진곡〉이 정작 고향인 이 땅에서는 홀대를 받았다.

사람들 중에는 〈임을 위한 행진곡〉과 또 하나의 광주 5월의 상징인 〈5월의 노래〉를 헷갈려 하기도 한다. 〈5월의 노래〉는 노래 이름 그대로 1980년 5월 광주에서 벌어진, 12·12 군사반란으로 권력을 잡은 신군부세력의 만행을 노래한 내용이다. 작사가는 미상이고 곡은 프랑스 미셸 뽈나레프의 〈누가 할머니를 죽였나(Qui a Tue Grand Maman)〉에서 가져왔다. 〈5월의 노래〉다.

꽃잎처럼 금남로에 뿌려진 너의 붉은 피
두부처럼 잘리어진 어여쁜 너의 젖가슴
오월 그날이 다시 오면 우리 가슴에 붉은 피 솟네

왜 쏘았지 왜 찔렀지 트럭에 싣고 어디 갔지
망월동에 부릅뜬 눈 수천의 핏발 서려 있네

오월 그날이 다시 오면 우리 가슴에 붉은 피 솟네

시민군의 민주투쟁위원회 대변인인 윤상원은 1980년 5월 26
일 오후 5시 전라남도청 본관 2층 대변인실에서 외신을 포함한
20여 명의 기자들에게 시민군의 입장 등에 대한 기자회견을 한
다. 그리고 12시 계엄군의 최후통첩 시한이 임박하자 최후의 '항
전', 죽음의 '항전'에 나서는 동료들을 격려한다. 그가 생애 마지
막 남긴 말이다.

"여러분, 우리는 저들에 맞서 끝까지 싸워야 합니다. 그냥 도청을 비
워주게 되면 우리가 싸워온 그동안의 투쟁은 헛수고가 되고, 수없이
죽어간 영령들과 역사 앞에 죄인이 됩니다. 죽음을 두려워하지 말고
투쟁에 임합시다. 우리가 비록 저들의 총탄에 죽는다고 할지라도 그
것이 우리가 영원히 사는 길입니다. 이 나라의 민주주의를 위해 끝까
지 뭉쳐 싸워야 합니다. 그리하여 우리 모두가 불의에 대항하여 끝까
지 싸웠다는 자랑스런 기록을 남깁시다. 이 새벽을 넘기면 기필코 아
침이 옵니다."

아침은 왔다. 그리고 그는 갔다. 그러나 그는 영원히 남았다.
이 나라 민주주의의 제단에, 그리고 자유와 민주주의를 염원하
는 아시아인의 가슴에. 〈임을 위한 행진곡〉과 함께 영원히.

심지 하나가
창을 밝힌다

04

장준하(1918–1975)

장준하가 잠들어 있는 곳
경기도 파주시 탄현면 성동리 688 장준하추모공원

1975년 이 땅의 여름은 유난히 뜨거웠다. 2월
12일 유신헌법에 대한 찬반투표 실시, 4월 8일 긴급조치 7호 선
포, 4월 9일 정권의 인혁당 사건 과장·조작과 수형자 8인에 대
한 판결 익일의 전격적인 사형 집행, 5월 13일 긴급조치 9호 선
포, 7월 9일 사회안정법 제정 등 독재정권의 민주주의 말살 행위
가 미친 듯이 이어지는 와중에 '재야 대통령'으로 일컬어지던[1] 장
준하가 죽었다.

1975년 8월 17일 폭염이 작열하던 날 자유와 민주주의 그리
고 민족통일의 실현을 위해 박정희 독재정권에 정면으로 맞섰
던 장준하가 경기도 포천의 약사봉에서 의문의 죽음을 맞았다.
일본의 항복에 따른 미군 진주 사전 준비를 위해 미국 대표단과
함께 1945년 8월 18일 조국 땅에 발을 디뎠던 항일 독립군 대위
장준하가 그로부터 정확히 30년이 지난 날 일본군 중위 출신의
박정희가 독재하는 광복된 조국의 엄혹한 상황에서 의문의 죽
음을 맞이한 것이다. 장준하는 항일독립투사이자 언론인, 정치인
이었다. 그리고 무엇보다도 민주주의자였다. 아울러 민족주의자
이기도 했다.

장준하는 1918년 평북 의주에서 목사의 아들로 태어났다. 중학교를 마친 후 3년간 소학교 교사로 재직하다 일본으로 건너가 동경 일본신학교에 다니던 중 1944년 1월 일본군 학도병에 지원한다. 전쟁수행 능력이 한계에 이른 일제의 조바심과 강압에 따른 불가피한 선택이었다. 중국 서주의 쓰카다 부대에 배속된 장준하는 입대 6개월 만인 1944년 7월 탈출을 감행한다. 그리고 탈출 성공 후 잠시 중국군에 몸담았다 다시 광복군을 찾아 대한민국임시정부가 있는 중경을 향한 장정에 나선다. 무정부 상태 혹은 사방이 모두 적뿐인 전쟁 상황에서 강을 건너고 파촉의 고산준령을 넘는 6천리 대륙 도보 횡단은 그야말로 목숨을 담보로 거는 행위였다.

7개월간의 6천리 장정을 마치고 1945년 1월 31일 임시정부 요인들의 환영을 받은 장준하는 중경에서 3개월을 머물다 다시 북쪽의 서안을 향한다. 유엔군 중국전구사령부 산하 한국광복군 제2지대에서 미국전략첩보대(OSS)가 주관하는 미군과의 합작 한국 침투 훈련을 받기 위해서였다. 장준하는 3개월간의 OSS 특수훈련을 마치고 국내 침투 명령이 떨어지기만을 기다리던 중 어느날 일본의 항복 소식을 듣는다. 기쁘면서도 안타까운 소식이었다. 28세 열혈 청년의 안타까움 그대로 승리의 주체 아닌 승리의 수혜 대상으로서의 대한민국은 이후 역사 전개에서 두고두고 진한 아쉬움을 새긴다.

김구 선생을 모시고 1945년 11월 23일 임정요인 환국 1진으로 완전 귀국한 장준하는 김구의 수행비서를 지내다 1947년 12월 이범석이 주도하는 조선민족청년단(족청)의 교무처장으로 자리를 옮긴다. 그리고 1950년 3월에 정부의 국민사상연구원 서기관으로 자리를 옮겼다가 1953년 4월 공무원직을 그만두고 본격적인 언론인의 길을 걷기 시작한다. 바로 1953년 3월 10일 월간지 〈사상계〉 창간을 통해서다. 〈사상계〉는 6천리 장정 중 임천과 중경에서 펴냈던 〈등불〉, 〈제단〉에 이은 장준하의 세 번째 잡지 창간이었다. 〈사상계〉는 이 땅의 반독재 민주화운동의 정론지로 17년의 생명을 잇다 1970년 5월호(통권 205호)를 마지막으로 사실상 종간된다. 독재를 비판한 김지하의 '오적시' 게재에 대한 박정희 정권의 졸렬한 보복 때문이었다.

장준하는 언론인 신분으로 1961년 4·19 혁명으로 새롭게 들어선 장면 정부의 국토건설본부 기획부장을 맡기도 하고, 1967년 7월에는 7대 국회의원에 당선되어 정계에 진출하기도 한다. 1972년 박정희의 10월 유신 단행 이후 장준하는 민주통일당 창당 주도, '민주회복을 위한 개헌청원 100만인 서명운동' 추진 및 '박정희 대통령에게 보내는 공개서한' 발표 등 박정희 독재타도 최일선에 나선다. 그러다 1975년 8월 17일 갑작스레 등산 중 의문의 죽음을 맞는다.

장준하의 삶은 3단계로 구분된다. 일본의 쓰카다 부대 탈출에서 김구 선생 수행비서까지의 '독립운동기', 1953년 〈사상계〉

창간에서 1967년 국회의원 출마 전까지의 '민주언론운동기' 그리고 국회의원 때부터 1975년 사망 시까지의 '반독재 민권운동기' 3단계[2]다. 이 중 인류 보편의 숭고한 가치인 민주주의를 추구하면서 아울러 대한민국 현대사에 가장 큰 족적을 남긴 때는 다름 아닌 '민주언론운동기'와 '반독재 민권운동기'다. 그리고 이때 그 중심에 장준하의 분신 〈사상계〉가 있었다.

장준하는 1955년 〈사상계〉 8월호에 '〈사상계〉 헌장'을 싣는다. '자유와 평등을 근본이념으로 하는 근대적 과정을 거치지 못하고 봉건사회에서 직접 제국주의 시민사회로 이행한 우리 역사는 (중략) 모든 자유의 적을 쳐부수고 진정한 민주주의 사회를 이룩하기 위하여 (중략) 자손만대에 누를 끼치는 못난 조상이 되지 않기 위하여 우리는 이 역사적 사명을 깊이 통찰하고 지성일관 그 완수에 용왕매진해야 할 것이다 (중략) 자유·평등·번영의 민주사회건설에 미력을 바치고자 하는 바이다'[3]라는 내용이다.

장준하를 떠나보낸 이들은 그의 묘비명을 이 '〈사상계〉 헌장'에서 가져온다. 장준하는 독립군, 언론인, 정치인이기에 앞서 민주주의자였다. 따라서 마땅히 〈사상계〉가 추구하는 것은 이 땅의 '진정한 민주주의 사회' 실현이었고, 지향하는 핵심 가치 역시 '자유'와 '평등'이었다. 그리고 그 가슴 저린 배경은 그의 평생의 각오처럼 절대로 '또다시 못난 조상이 되지 않기 위하여'[4]였다. 〈사상계〉 창간, 이승만 정권 비판, 한일 굴욕회담 저지투쟁, 3선 개헌 반대투쟁, 반유신항쟁, 100만인 서명운동 주도와 같은 끊임

없이 이어진 그의 '금지된 동작'⁵⁾은 모두 이 땅의 진정한 민주주의와 자유 그리고 평등의 실현을 위한 것이었다.

거인을 떠나보낸 장준하의 좁은 전셋집 거실에는 휘호 하나 남아 방 주인의 마지막을 전했다. '일주명창(一注明窓)', '심지 하나가 창을 밝힌다'는 뜻의 휘호였다. 장준하는 언젠가 자신의 집을 찾은 외국인 기자에게 '일주명창'의 의미를 설명하면서 '온 민중이 나에게 창을 밝히는 단 하나의 심지일 것을 요구하고 있으니 있는 대로 타버리겠다'고 말했다⁶⁾고 한다. 자신의 바람 그대로 장준하는 자유와 인권이 질식당하는 어둠의 시대를 밝히는 저항과 희망의 등불이 되었다. 살아서 그리고 죽어서도.

평화가 일상화되면 사람들은 평화의 고마움을 잊는다. 때로는 지겨워하기까지 한다. 자유가 일상화되면 사람들은 그 자유의 소중함을 잊는다. 자칫 자유 아닌 방종으로 기운다. 이 세상 그 어느 것 하나 그냥 얻어진 것은 없다. 자유가 있으려면 먼저 내 나라가 독립국가여야 하고, 제도가 민주적이어야 하고, 위정자가 권위적이지 않아야 하고, 인권이 철저하게 보장되어야 하고, 그리고 그 무엇보다 그 땅의 사람들이 깨어 있고 상식적이어야 한다. 그래서 지구상에 진정 자유로운 민주주의 국가는 몇 안 되고, 그 몇 안 되는 국가들의 자유 향유는 오로지 응고된 선열들의 그 뜨거웠던 피를 주춧돌 삼는다. 지금의 대한민국은 자유로운 민주주의 국가다. 그 자유와 민주주의에 이르는 험난한 여정 한가운데 민주주의자 장준하의 피 흘림이 있었다. 결코 '또 다시 못난 조상이 되지 않기 위한' 그의 피 흘림이 있었다.

통일의 선구자
겨레의 벗

05

문익환(1918–1994)

문익환이 잠들어 있는 곳
경기도 남양주시 화도읍 경춘로 2110길 8–102 모란공원묘지

나 올해 안으로 평양으로 갈 거야
기어코 가고 말 거야, 이건
잠꼬대가 아니라고 농담이 아니라고
이건 진담이라고

문익환의 시 '잠꼬대 아닌 잠꼬대' 에서

'늦봄'은 문익환의 호다. '늦봄'은 다의적이다. 의미가 '늦은 봄(Spring)'일 수도 있고 '늦게 깨달음(See)'일 수도 있다. 또 호를 본인 스스로 지은 만큼 의지를 드러내는 것이냐 자기 관찰의 결과냐에 따라서도 그 의미가 달리 해석될 수 있다. 즉, 같은 '봄(Spring)'이라도 그냥 '늦게 맞이하고 싶은 봄'일 수 있고 '늦바람 났다'는 표현처럼 '늦게 찾아온 봄'일 수도 있다.

그런데 묘한 것이 문익환에게는 '늦봄'의 이런 여러 가지 해석 그 어떤 것을 갖다 붙여도 어색하지 않다는 것이다. 사람들의 가슴에 새겨진 그의 이미지가 예수의 그것처럼 일단 그의 인생 76년 중 마지막 18년에 '늦게' 폭발한 것이고, '나이 많은 소년'으로 불리는 것처럼 한편으로는 광배를 지닌 성자의 이미지이면서 다른 한편으로는 시세에 생뚱맞은 돈키호테의 유쾌함을 갖은 이가 바로 문익환 그였기 때문이다.

어쨌든 우리가 기억하는 그 문익환으로의 발현이 늦었다. 시인 문익환은 54세가 되어서야 첫 시를 쓰고, 민주화운동의 대부이자 통일운동의 선구자 그 문익환은 동년배들이 모두 인생 정리에 나서는 우리 나이 59세에 전격적으로 사회운동에 몸을 내

던졌다. 친구들은 황혼을 바라보며 회고에 들어갈 때 그는 그 황혼 자체가 되어 세상에 불을 놓았다. 고행과도 같이 치열하고 부활과도 같이 찬연하게. 대한민국 현대사가 그의 에너지를 견디다 못해 요동을 칠 정도로. 인권과 민주가 질식하고 통일은 실종된 암울한 이 땅의 70·80년대, 문익환의 '늦봄'은 폭풍이었다.

문익환은 신학자이자 목사이자 시인이자 사회운동가였다. 일제시대 독립운동의 거점인 북간도에서 기독교적 환경 아래 태어난 문익환은 중학교를 마치고 잠시 소학교 교사를 지내다 1938년 도쿄 일본신학교로 유학한다. 일본신학교 재학 중 조선인 징병제가 시작되자 강제 징병을 피해 1943년 만주 봉천신학교로 전학해 휴학하고 이후 3년간 한인교회 전도사로 일하다 광복 후 1년 뒤인 1946년 귀국한다.

귀국 후 한신대학교에 편입해 1947년 졸업하고 다시 전도사 활동을 하다 1949년 미국 프린스턴신학교로 유학한다. 유학 도중 6·25가 일어나자 문익환은 유엔군에 자원해 정전회담 통역 등의 업무를 수행하고 전쟁이 끝난 뒤 다시 학교로 돌아가 1954년 석사학위를 받고 한국으로 귀국한다. 1955년 한신대학교 교수에 임용된 문익환은 한빛교회의 목회 활동을 겸하면서 1968년 '신·구교 공동 구약 번역' 책임위원을 맡아 8년간 구약 번역 작업을 수행한다. 1973년 55세에 문익환은 첫 시집을 출간하고 이때부터 늦봄이라는 호를 사용한다.

드물게 사회 관련 글도 써오던 문익환은 박정희의 유신독재가 극을 향하던 1976년 '3·1 민주구국선언' 사건을 주도하고, 이 사건으로 22개월간 감옥생활을 한다. 이후 1978년 유신헌법의 비민주성 폭로, 1980년 5·18 광주민중항쟁 관련 정권의 내란예비음모 조작 사건, 1985년 서울대학교 강연, 1989년 북한 방문 그리고 1991년 강경대 장례식 집례에 이르기까지 끊임없는 민주화 및 통일운동으로 5차례 더 구속되고, 1993년 3월 마지막 출옥 때까지 전체 11년 2개월이라는 긴 시간을 감옥에서 보낸다. 그리고 마지막 출옥으로부터 1년이 안 된 1994년 1월 18일 76세를 일기로 눈을 감는다.

대한민국 현대사 70·80년대의 엄혹한 시절, 종교는 현실에 눈을 감지 않았다. 민중의 아픔을 민중보다 더 아파했고, 인류의 보편적 가치 실현을 결코 믿음보다 뒤에 두지 않았다. 세상으로부터 염려를 사는 종교가 아니라 종교 본연의 역할 그대로인 세상을 걱정하는 종교였다. 그런 종교 본연의 역할 선두에 목사 문익환이 있었다.

문익환의 삶이 단순한 신학자, 단순한 목사의 그것이 아닌 실존적 고통을 온몸으로 부대끼는 신학자, 울타리 안팎의 모든 양떼들을 대지와 같은 넓은 가슴으로 품는 목사, 그런 삶으로 바뀐 데에는 두 차례의 큰 계기가 있었다. 바로 1970년 11월 13일의 노동자 전태일의 죽음과 1975년 8월 17일의 친구이자 후배 장준하의 죽음 둘이었다.

전태일의 죽음은 문익환의 눈과 귀를 성전에서 사회로 향하게 했다. 전태일 분신 사건 이후 문익환은 청계피복노조를 지원하고 노동자들을 찾기 시작한다.[1] 장준하의 의문사는 문익환의 삶을 연구실과 신의 전당에서 저항의 광야로 내몰았다. 장준하의 장례위원장을 맡은 문익환은 벗을 땅 속에 묻으며 약속한다. '그의 죽음을 땅에 묻어서는 안 된다! 그래, 네가 하려다 못한 일을 내가 해주마!'[2] 장준하와 스스로에게 약속한 대로 문익환은 6개월 뒤 유신정권을 정면으로 공격하는 민주화투쟁의 깃발을 높이 올린다. 전 대통령 윤보선, 유력한 야권 지도자 김대중, 사상가 함석헌 등 대한민국의 내로라하는 지성 16명의 이름으로 발표한 '3·1 민주구국선언' 주도가 그것이었다. 대대적인 검거와 투옥이 뒤따랐다. 이때부터 삶을 마칠 때까지 문익환은 이 땅의 민주·민권·통일을 위해 신명을 다한다.

1989년 첫날 새벽 문익환은 시 '잠꼬대 아닌 잠꼬대'를 쓴다. 세상 사람 누가 봐도 뜬금없다 못해 잠꼬대였다. 70행이나 되는 긴 시다. 시는 이렇게 시작된다.

나 올해 안으로 평양으로 갈 거야

기어코 가고 말 거야, 이건

잠꼬대가 아니라고 농담이 아니라고

이건 진담이라고

(후략)

문익환은 1989년 3월 25일 전격적으로 북한을 방문한다. 김일성을 만나 의견을 나누고 북한의 조국평화통일위원회와 4·2 공동성명을 내놓기까지 한다. 남한의 재야 대표를 북한이 인정한 것이다. 1948년 4월 19일 김구가 고독한 그림자를 길게 남기며 걸었던 그 여정은 아니었지만 염원은 그때와 같았다. 민족통일을 위해서였다. 문익환으로 인해 남북의 정보 당국자 간 배타적이고도 은밀한 통일관리 독점 패러다임이 깨졌다. 석 달 뒤 임수경, 그로부터 한 달 뒤 문규현 신부의 민간인 방북이 이어졌다. 물론 아직은 불법이었다.

1990년대 들어서자 문익환의 통일 물꼬는 큰 강을 이룬다. 경제, 예술 등 다양한 분야에 걸친 민간교류와 1998년 정주영의 세기적인 소떼 방북 이벤트, 금강산 관광, 개성공단 추진 등으로 이어진다. 물론 2000년 6월의 남북 정상회담 및 6·15 남북공동선언, 2007년 10월의 남북정상회담 및 10·4 선언 그리고 2018년 문재인 정부의 수차례 남북정상회담 등으로도 이어졌다. 1990년대 이후 남북의 민간교류 및 당국 간 합의 내용은 1989년 문익환과 김일성 사이에서 논의된 내용을 크게 벗어나지 않았다. 문익환이 1989년 이후 남북 교류의 판을 간 셈이다.

문익환은 평양 방문 때 평양봉수교회에서 "저는 민주는 민중의 부활이요 통일은 민족의 부활이라고 믿는 사람입니다"[3]라고 말한다. 민주주의와 통일이 별개가 아니라는 것이다. 민주주의는 통일로 완성되고 그 통일은 반드시 민주주의 체제로 마무리

되어야 한다는 것이다.

　문익환의 죽음에 북한은 이례적으로 조문대표를 보낸다. 문익환의 통일관과 통일을 위한 그의 노력을 북한도 높이 산다는 의미다. 1994년 1월 하늘도 안타까워 백의의 눈물을 펑펑 내리쏟아붓던 날 남북은 하나되어 고인의 명복을 빌었다. '통일의 선구자 겨레의 벗. 늦봄 문익환 목사'라고 쓰인 그의 묘비 앞에서. 겨레의 통일을 기원하며.

참선
잘 하그래이

06

성철(1912–1993)

성철 스님이 잠들어 있는 곳(사리탑)
경남 합천군 가야면 해인사길 132–32

한 평생 사람들을 감쪽같이 속여(生平欺誑男女群) / 하늘에 닿은 죄가 수미산을 넘어선다(彌天罪業過須彌) / 산 채로 아비지옥에 떨어지니 그 한이 만 갈래나 되는데(活陷阿鼻恨萬端) / 태양은 붉은빛을 토하며 푸른 산에 걸려 있도다(一輪吐紅掛碧山)

성철 스님이 임종 시 남긴 열반송

성철 스님이 세상을 떠나고 난 뒤 그가 남긴 열반송은 불교에 대한 입장에 따라 해석이 크게 갈렸다. 부정적 해석은 바로 성철 스님이 자신의 삶을 크게 후회하고 괴로워하면서 한을 안고 세상을 떠났다는 일각의 주장이다.

성철 스님을 20여 년 직접 모셨던 원택 스님은 전혀 달리 해석한다. 생전에 방송에서 성철 스님이 사람들에게 "내 말에 속지 마라"는 말을 한 적이 있었는데, 그 의미는 불교 종정인 자신에게 무엇을 얻으려 하지 말고 각자가 가지고 있는 영원한 생명과 무한한 능력을 스스로 개발해 써야 한다는 당부[1]였다는 것이다. 타인에게 현혹되지 말고 주도적으로 사고하고 행동하라는 가르침이다. 따라서 '한 평생 사람들을 감쪽같이 속여'는 '내 말에 속지 마라'는 반어적 의미로, 그것은 곧 자신을 개발해 스스로 주도적으로 사고하고 판단해야 한다는 의미로 이해할 수 있다.

원택 스님은 세 번째 구절인 '산 채로 아비지옥에 떨어지니 그한이 만 갈래나 되는데'를 '모든 중생들에게 이익을 주고 깨우치게 하지 못하고 떠나니 섭섭하기 짝이 없다'로 해석한다. 그리고 마지막 '태양은 붉은빛을 토하며 푸른 산에 걸려 있도다' 구절은 흔히 '낙조(落照)'로 표현되는 삶의 마지막 순간[2]으로 해석한다. 따라서 원택 스님의 해석을 참조해 저자가 나름대로 성철 스님의 열반송을 쉽게 풀어보면 이렇다.

모든 이가 참 자아 찾을 수 있도록 부산 피웠으나
마음만 급할 뿐 이루지 못한 업(業) 한없이 크다
못다 이룬 중생 제도(濟度) 안타깝기 그지없으니
푸른 산을 넘는 태양 마지막 순간을 불태우누나

성철 스님 하면 흔히 사람들은 '삼천배' 이야기를 떠올린다. 스님을 만나기 위해서는 누구나 예외 없이 먼저 삼천배를 해야 한다는 내용이다. 삼천배는 건강한 사람이라도 최소한 7시간 이상이 걸린다고 한다. 그러다 보니 스님은 일반인들에게 흔히 괴짜 스님 또는 오만한 스님으로 각인되어 있기도 하다.

성철 스님 입장에서는 그런 일반의 인식이 억울하다. 먼저, 삼천배는 성철 스님에게 하는 것이 아니었다. 부처님에게 하는 것이었다. 스님은 부처님에게 절을 할 때 그냥 자신을 위해 또는 기계적으로 절을 할 것이 아니라 남을 위해 기도하는 마음으로 절을 하라고 말한다. 그러면 삼천번 절을 하는 동안 절하는 이의 심중에 변화가 오게 되고 시간이 지나면서 행동의 변화까지 불러오게 된다는 것이다. 스님은 자신을 찾는 사람이 너무 많아지자 다 만날 수는 없고 어떻게 하면 그들 본인에게 도움이 되고 자신도 시간을 조절할 수 있을까 하고 고민한 끝에 생각해낸 것이 이 삼천배 조건이었다. 그래서 출가한 지 15년이 지난 1951년부터 자신을 만나기 위해 찾아온 사람에게는 그 누구 예외 없이 삼천배를 요구하게 되었다.

출가 11년째인 1947년, 성철 스님은 한국 불교 발전에 큰 족적을 남긴다. 바로 '봉암사 결사' 주도를 통해서다. 봉암사 결사는 조선 5백년 그리고 일제 36년 동안 퇴락할 대로 퇴락한 불교에 개혁을 일으켜 한국 불교의 정초를 잡는 일대 사건이었다. 스님은 경북 문경 봉암사에서 뜻을 같이하는 20여 명의 다른 소장파 스님들과 함께 '부처님 법대로 살아보기' 운동을 시작한다. 한마디로 '근본으로 돌아가기(Back to the Basic)' 운동이었다. '①불교 바로 세우기, ②스님들의 일상생활 개혁 ③선불교 전통 확립'[3]이라는 세 방향으로 추진된 개혁은 6·25 전쟁으로 결사가 해체될 때까지 3년 정도 진행된다.

그런데 그 개혁의 세부 실천사항 중 하나가 다름 아닌 탁발·동냥[4]이었다. 탁발·동냥은 중세 기독교 수도원에서도 강조되었던 중요 실천사항 중 하나였다. 수도하는 이들의 가장 큰 적은 물욕이고 물욕의 출발은 소유에 있다. 당장 몸에 걸칠 옷, 음식을 담을 그릇 외에는 그 어떤 것도 소유하지 않겠다고, 그리고 실제로 소유하지 않는 무소유의 실천이 바로 탁발·동냥이었다. 원천적으로 소유 자체를 거부하고 차단하겠다는 강력한 무소유 의지의 실행이다. 하긴 남자 스님을 나타내는 '비구(bhikkhu)'

라는 말의 의미 자체가 '걸사(乞士)', 즉 '음식을 빌어먹는 사람'이다. '봉암사 결사' 정신에서 '스님'이 '소유'와 함께하는 것은 그야말로 '적과의 동침'이었다.

1981년 조계종 7대 종정에 오른 뒤 스님의 법문이 최초로 언론을 통해 나가자 소란이 일어났다. 그런데 그 소란의 주체가 속세가 아니었다. 절집이었다. 법문에서 성철 스님은 '도적놈' 이야기를 했다. 가사와 장삼을 빌어 입고 승려의 탈을 쓰고 부처님을 팔아먹는 이를 부처님께서 '도적놈'이라 하셨다는 내용이었다. 승려가 되어 도를 닦아 도를 깨우쳐 중생을 제도할 생각은 않고 부처님을 팔아 자기의 생계수단으로 삼는다면 그것은 부처의 제자도 아니고 승려도 아니고 그저 '도적놈'일 뿐이라는 내용이었다. 종단으로 전국 주지스님들의 항의전화가 빗발쳤다.[5] 아니면 될 일이고, 실제 그렇다면 깊이 뉘우칠 일이지 항의는 커밍아웃도 아니고 어딘가 적절치 않았다. 그리고 성철 스님의 지적이 전혀 잘못된 것이 아니라면 그것은 오히려 불교는 아직 자정 능력이 있는 건강한 종교라는 것을 보여주는 희망의 증거이기도 했다.

사람은 누구나 행복을 원한다. 성철 스님도 마찬가지로 행복을 원했다. 스님에게 행복은 두 가지였다. '영원한 행복'과 '일시적인 행복' 둘이었다. '영원한 행복'은 도를 깨친 사람이 누리는 행복이다. 그리고 '일시적인 행복'은 오감을 충족시킴으로써 얻게 되는 일반의 보통 행복이다.[6] 열반의 순간 스님은 마지막으로 제자들에게 "참선 잘 하그래이"[7]라는 말을 남긴다. 스님의 마지막 말은 여느 스승, 여느 부모의 그것과 다르지 않다. 바로 '행복하게 살아라'라는 것에 다름 아니기 때문이다. 스님에게 참 행복은 '영원한 행복'이고, '영원한 행복'은 도를 깨침으로써 얻을 수 있는 것이었다. 그리고 그 도를 깨치는 유일한 수단은 '참선'이었다. 제자는 스님의 임종을 지켜본 몇 명에 한정되지 않는다. 성철 스님의 가르침에 귀기울이는 이라면 모두 그의 제자다. 성철 스님은 그들 모두에게 말한다. 행복하게 살라고, 더불어 '영원한 행복'을 찾으라고.

고맙습니다,
서로 사랑하세요

07

김수환(1922-2009)

김수환 추기경이 잠들어 있는 곳
경기 용인시 처인구 모현읍 오산로 154-62 천주교용인공원묘원

2009년 2월 16일 김수환 추기경이 세상을 떠났다. 이해인 수녀는 추기경의 선종 추도시에서 '멀리서 바라만 보아도 미덥고 따뜻했던 아버지가 안 계신 이 세상이 문득 낯설어 갈피를 못 잡고 서성였습니다'[1]라고 썼다. 종교와 사상의 차이를 떠나 이 땅 많은 이들의 아버지였던 추기경이 예의 환한 웃음을 남긴 채 당신이 사랑하고 또 당신을 사랑했던 이들의 곁을 떠났다.

김수환은 1922년 대구의 독실한 가톨릭 가정에서 태어났다. 1941년 서울의 동성상업학교(현재 동성고등학교)를 졸업하고 일본의 조치(上智)대학 철학과에 입학했다 중퇴한다. 1947년 성신대학(현재 가톨릭대학교)에 다시 입학해 1951년 9월 사제 서품을 받고 대구대교구 안동본당 주임신부로 발령 받은 뒤 교구장 비서, 김천본당 주임을 지낸다. 그러다 1956년 독일 뮌스터대학교 대학원에 유학해 그리스도 사회학을 공부하고 1964년 가톨릭시보사(현재 가톨릭신문) 사장에 취임한다.

2년 뒤인 1966년 주교 서품과 함께 마산교구장에 착좌하고

1968년에는 대주교로 승품하면서 서울대교구장에 착좌한다. 그리고 47세가 되던 1969년 교황 바오로 6세에 의해 우리나라 최초 그리고 당시 추기경 중 최연소로 추기경에 서임된다. 김수환 추기경은 가톨릭 고위 성직자이자 우리나라 종교계를 대표하는 얼굴이자 민주화 격동기의 인권 수호자로 그 역할을 다하다 2009년 2월 16일 선종한다.

가톨릭 또는 명동성당은 박정희·전두환 독재정권 내내 민주화운동의 구심점이었다. 특히 명동성당은 '민주화의 성역'이자 '운동권 학생들의 소도(蘇塗)'였다. 그리고 그 구심점 한가운데 추기경 김수환이 있었다. 1987년 6월 민주항쟁 때 학생들이 경찰의 폭력적 시위진압을 피해 명동성당으로 들이닥쳤다. 학생과 경찰 간에 투석과 최루탄 공방이 3일 동안이나 이어지면서 성당은 아수라장이 되었다. 그러나 공방이 치열해지면서 시위 학생들을 응원하는 넥타이 부대가 등장하고 젊은 신부들 40명이 농성에 들어간다.

초조해진 정권은 성당 내 경찰병력 투입을 통한 강제연행 작전 준비에 들어간다. 일촉즉발의 상황에서 추기경은 정부 고위 당국자에게 "경찰이 성당에 들어오면 제일 먼저 나를 만나게 될 것입니다. 그 다음 시한부 농성 중인 신부들을 보게 될 것입니다. 또 신부들 뒤에는 수녀들이 있습니다. 당신들이 연행하려는 학생들은 수녀들 뒤에 있습니다. 학생들을 체포하려거든 나를 밟고, 그 다음 신부와 수녀들을 밟고 지나가십시오."[2]라고 강력하게 경고한다. 팽팽한 기 싸움 끝에 마침내 농성 4일째 경찰병력이 철수하고 안전귀가를 보장받은 학생들은 성당이 마련한 버스에 분승해 학교로 돌아가 해산한다. 분수령을 넘으면서 시국은 노태우의 6·29 선언과 함께 직선제 개헌 수용으로 이어진다.

김수환은 주교직과 대주교직에 오를 때 자신의 사목 표어를 '너희와 모든 이를 위하여(Pro Vobis et Pro Multis)'로 정한다.[3] 그리고 대주교 취임 미사에서 "우리는 '너희들이 모시고 있는 그리스도를 생활로써 증거해달라'고 하는 사회 요구를 명심해야 합니다. 이제 교회는 모든 것을 바쳐서 사회에 봉사하는 '세상 속 교회'가 되어야 합니다"[4]라고 말한다. 세상 한가운데 있는 교회가 세상사에 무관심하게 머물러 있을 수는 없다는 이야기다. 사목 표어는 선언에 그치지 않고 실천으로 이어진다. 인권이 탄압받고 언론 자유가 질식당하고 노동자가 억압당하는 곳이라면 추기경은 그 어디든 발 벗고 나선다.

추기경의 이런 현실참여 강조 배경에는 바티칸의 변화가 있었다. 바로 교황 요한 23세(재위 1958-1963)와 바오로 6세(재위 1963-1978)에 의해 추진된 제2차 바티칸공의회(1962-1965)를 통한 바티칸 개혁이다. 공의회는 시대변화에 적응하기 위한 여러 가지 개혁을 시도한다. 각국이 자국어로 전례를 보게 되고 우리나라 가톨릭인의 경우 조상 제사가 허용되게 된 것도 바로 이 개혁을 통해서다. 그리고 공의회는 가톨릭이 인간 개인의 존엄성과 자유 존중, 사회 정의에 대한 참여, 가난한 이에 대한 관심, 피압박 계층

의 자유 회복 등에 대한 적극적인 관심을 가질 것을 결의한다.[5]

추기경이 가톨릭의 현실참여를 중요시하게 된 또 다른 배경으로 생각할 수 있는 것은 추기경의 개인적인 측면이다. 추기경은 뮌스터대학에서 '그리스도 사회학'을 전공했다. 전공 공부를 하는 동안 종교의 사회적 역할에 대한 많은 고민이 있었을 수밖에 없다. 거기에 더해 어릴 적부터의 주위 소외계층에 대한 연민과 같은 것이 추기경의 현실참여 의식에 적지 않은 영향을 미쳤을 것으로 생각된다. 민주화운동의 거목이자 가난하고 소외된 이들의 벗 추기경이 떠나자 남은 이들은 그의 묘비명 첫 머리에 '너희와 모든 이를 위하여'라는 내용을 새긴다. 그것이 그의 사제로서의 삶을 관통한 '현실참여' 정신이었기 때문이다.

추기경은 사제의 길을 걸으면서 벽에 부딪힐 때 '예수님이라면 이 상황에서 어떻게 했을까?'라는 질문을 했다고 한다. 전쟁 중 주임신부로 첫 부임한 안동본당의 막막한 상황에서 그랬고, 민주화운동에 대한 가톨릭의 참여를 두고 가톨릭 내 의견이 첨예하게 갈렸을 때도 그랬다.[6] 그의 사제생활 58년 아울러 대한민국 현대사 58년 동안 수많은 고비가 있었다. 그때마다 추기경은 아마도 당신의 목자를 찾아 '예수님이라면 이 상황에서 어떻게 했을까?'라고 물었을 것이다. 다윗은 성경에서 '야훼는 나의 목자, 아쉬울 것 없어라. 푸른 풀밭에 누워 놀게 하시고 물가로 이끌어 쉬게 하시니 지쳤던 이 몸에 생기가 넘친다. 그 이름 목자이시니 인도하시는 길, 언제나 곧은 길이요, 나 비록 음산한 죽음의 골짜기를 지날지라도 내 곁에 주님 계시오니 무서울 것 없어라. 막대기와 지팡이로 인도하시니 걱정할 것 없어라'(시편23:1-4)라고 노래 부른다. 추기경을 보낸 이들은 그의 묘비에 '야훼는 나의 목자, 아쉬울 것 없노라'(시편23:1)라고 쓴다. 다윗이 그랬던 것처럼 추기경도 마찬가지로 당신의 주님에게 의지하고 용감하게 따름으로써 여기 이곳까지 이르게 되었기 때문이다.

추기경은 자신이 살아오면서 가장 입에 많이 올린 말이 '사랑'이라고 했다. 그래서 고린토 1서 13장의 '사랑의 송가'를 무척 좋아한다고 말했다. 그러면서 그는 고백했다. "어머니가 보여준 사랑처럼 '모든 것을 덮어주고, 믿고 바라고 견디어내는' 사랑을 온전히 실천하지 못했다"고.[7] 자신의 삶을 통째로 당신의 주님과 이 시대의 이웃들에게 내주며 무소유의 삶을 살았으면서도 당신이 내어준 그 사랑이 그리 만족스럽지 않았던 모양이다. 추기경은 삶의 마지막 순간 이 시대를 함께한 모든 이들에게 감사의 말을 전하면서 아울러 못내 아쉬웠던 것을 당부한다. "고맙습니다, 서로 사랑하세요"라고.

우리나라 대한의
완전한
자주독립이오

08

김구(1876–1949)

백범 김구가 잠들어 있는 곳
서울시 용산구 효창원로 177–18 효창공원 내

김구 선생은 1928년, 1941년 두 차례에 걸쳐 상·하권으로 《백범일지》를 집필했다. 그리고 이것이 자신의 '유서' 대신이라 밝힌다.[1] 선생은 1947년 마무리된 하권의 마지막을 '나의 소원'으로 맺는다. 선생의 '유서' 중에서도 '진정한 유서'에 해당되는 셈이다. 선생은 이 '진정한 유서'인 '나의 소원'을 이렇게 마무리한다.

나는 우리나라가 세계에서 가장 아름다운 나라가 되기를 원한다. 가장 부강한 나라가 되기를 원하는 것은 아니다. 내가 남의 침략에 가슴이 아팠으니, 내 나라가 남을 침략하는 것을 원치 아니한다. 우리의 부력(富力)은 우리의 생활을 풍족히 할 만하고, 우리의 강력(强力)은 남의 침략을 막을 만하면 족하다. 오직 한없이 가지고 싶은 것은 높은 문화의 힘이다. 문화의 힘은 우리 자신을 행복되게 하고, 나아가서 남에게 행복을 주겠기 때문이다. 지금 인류에게 부족한 것은 무력도 아니요, 경제력도 아니다. 자연과학의 힘은 아무리 많아도 좋으나, 인류 전체로 보면 현재의 자연과학만 가지고도 편안히 살아가기에 넉넉하다.

인류가 현재에 불행한 근본 이유는 인의가 부족하고, 자비가 부족하고, 사랑이 부족한 때문이다. 이 마음만 발달이 되면 현재의 물질력으로 20억이 다 편안히 살아갈 수 있을 것이다. 인류의 이 정신을 배양하는 것은 오직 문화이다. 나는 우리나라가 남의 것을 모방하는 나라가 되지 말고, 이러한 높고 새로운 문화의 근원이 되고, 목표가 되고, 모범이 되기를 원한다. 그래서 진정한 세계의 평화가 우리나라에서, 우리나라로 말미암아서 세계에 실현되기를 원한다.

홍익인간이라는 우리 국조 단군의 이상이 이것이라고 믿는다. 또 우리 민족의 재주와 정신과 과거의 단련이 이 사명을 달하기에 넉넉하고, 국토의 위치와 기타의 지리적 조건이 그러하며, 또 1차 2차 세계대전을 치른 인류의 요구가 그러하며, 이러한 시대에 새로 나라를 고쳐 세우는 우리의 서 있는 시기가 그러하다고 믿는다. 우리 민족이 주연배우로 세계의 무대에 등장할 날이 눈앞에 보이지 아니하는가. 이 일을 하기 위하여 우리가 할 일은 사상의 자유를 확보하는 정치양식의 건립과 국민교육의 완비다. 내가 위에서 자유의 나라를 강조하고, 교육의 중요성을 말한 것이 이 때문이다. 최고 문화 건설의 사명을 달할 민족은 일언이 폐지하면, 모두 성인(聖人)을 만드는 데 있다. 대한 사람이라면 간 데마다 신용을 받고 대접을 받아야 한다.

우리의 적이 우리를 누르고 있을 때에는 미워하고 분해하는 살벌·투쟁의 정신을 길렀었거니와, 적은 이미 물러갔으니 우리는 증오의 투쟁을 버리고 화합의 건설을 일삼을 때다. 집안이 불화하면 망하고, 나라 안이 갈려서 싸우면 망한다. 동포간의 증오와 투쟁은 망조다. 우리의 용모에서는 화기가 빛나야 한다. 우리 국토 안에는 언제나 춘풍이 태탕(駘蕩)하여야 한다. 이것은 우리 국민 각자가 한번 마음을 고쳐 먹음으로써 되고, 그러한 정신의 교육으로 영속될 것이다. 최고 문화로 인류의 모범이 되기로 사명을 삼는 우리 민족의 각원(各員)은 이기적 개인주의자여서는 안 된다. 우리는 개인의 자유를 극도로 주장하되, 그것은 저 짐승들과 같이 저마다 제 배를 채우기에 쓰는 자유가 아니요, 제 가족을, 제 이웃을, 제 국민을 잘 살게 하기에 쓰이는 자유다. 공원의 꽃을 꺾는 자유가 아니라 공원에 꽃을 심는 자유다. 우리는 남의 것을 빼앗거나 남의 덕을 입으려는 사람이 아니라, 가족에게, 이웃에게, 동포에게 주는 것으로 낙을 삼는 사람이다. 우리말에 이른바 선비요 점잖은 사람이다. 그러므로 우리는 게으르지 아니하고 부지런하다. 사랑하는 처자를 가진 가장은 부지런할 수밖에 없다. 한없이 주기 위함이다. 힘드는 일은 내가 앞서 하니 사랑하는 동포를 아낌이요, 즐거운 것은 남에게 권하니 사랑하는 자를 위하기 때문이다. 우리 조상네가 좋아하던 인후지덕(仁厚之德)이란 것이다.

이러함으로써 우리나라의 산에는 삼림이 무성하고 들에는 오곡백과가 풍성하며, 촌락과 도시는 깨끗하고 풍성하고 화평한 것이다. 그리하여 우리 동포, 즉 대한사람은 남자나 여자나 얼굴에는 항상 화기가 있고, 몸에서는 덕의 향기를 발할 것이다. 이러한 나라는 불행하려 하여도 불행할 수 없고, 망하려 하여도 망할 수 없는 것이다. 민족의 행복은 결코 계급투쟁에서 오는 것도 아니요, 개인의 행복이 이기심에서 오는 것이 아니다. 계급투쟁은 끝없는 계급투쟁을 낳아서 국토의 피가 마를 날이 없고, 내가 이기심으로 남을 해하면 천하가 이기심으로 나를 해할 것이다. 이것은 조금 얻고 많이 빼앗기는 법이다. 일본의 이번 당한 보복은 국제적·민족적으로도 그러함을 증명하는 가장 좋은 실례다. 이상에 말한 것은 내가 바라는 새 나라의 용모의 일단을 그린 것이어니와,

동포 여러분! 이러한 나라가 될진대 얼마나 좋겠는가. 우리네 자손을 이러한 나라에 남기고 가면 얼마나 만족하겠는가. 옛날 한토(漢土)의 기자(箕子)가 우리나라를 사모하여 왔고, 공자께서도 우리 민족이 사는 데 오고 싶다고 하셨으며, 우리 민족을 인(仁)을 좋아하는 민족이라 하였으니 옛날에도 그러하였거니와, 앞으로는 세계 인류가 모두 우리 민족의 문화를 이렇게 사모하도록 하지 아니하려는가. 나는 우리의 힘으로, 특히 교육의 힘으로 반드시 이 일이 이루어질 것을 믿는다. 우리나라의 젊은 남녀가 다 이 마음을 가질진대 아니 이루어지고 어찌하랴! 나도 일찍이 황해도에서 교육에 종사하였거니와 내가 교육에서 바라던 것이 이것이었다. 내 나이 이제 70이 넘었으니, 직접 국민교육에 종사할 시일이 넉넉지 못하거니와, 나는 천하의 교육자와 남녀 학도들이 한번 크게 마음을 고쳐먹기를 빌지 아니할 수 없다.[2]

김구 선생은 1876년 황해도 해주에서 태어났다. 1893년 동학에 입도하고 1894년 팔봉도소 접주로 동학농민운동에 나섰다가 조정의 경군과 일본군의 눈을 피해 안중근 의사의 부친인 안태훈의 집에 은신한다. 을미사변이 일어난 이듬해인 1896년 3월

9일, 선생은 안악 치하포에서 조선인으로 변장한 일본군 장교를 죽이는 거사를 결행한다. 경찰에 체포되어 사형 판결을 받은 선생은 사형 집행 당일 고종의 집행정지 명령으로 가까스로 생명을 구하고 1898년 3월 탈옥을 감행해 충청·전라도로 몸을 피했다 절로 들어간다. 승려로 1년 가까이 지내다 환속한 선생은 1903년 기독교를 받아들이고 학교 설립 등 교육 및 계몽 활동에 진력하다 1909년 안중근 의사 거사, 1910년 안악사건(1910년 안명근 등이 서간도에서 무관학교의 설립자금을 모집하다 민병찬의 밀고로 체포된 사건) 연루 혐의로 다시 감옥에 들어간다.

1915년 감옥을 나온 선생은 농촌계몽에 힘을 기울이다 1919년 3·1 운동 직후 상해로 망명해 대한민국임시정부 초대 경무국장을 맡는다. 1930년 한국독립당을 창당하고 1931년에는 한인애국단을 만들어 1932년의 1·8 이봉창 의거와 4·29 윤봉길 의거를 주도한다. 선생은 1933년 장개석을 만나 광복군 양성에 대한 중국의 협조를 받아내고, 1940년 10월 대한민국임시정부 주석에 취임한다. 같은 해 한국광복군을 창설하고 1941년 12월에는 대한민국임시정부 이름으로 일본에 선전포고를 한다. 그러다 1945년 8월 미군과 광복군의 조선 공중침투 연합작전 추진 중 8·15 광복을 맞게 되고, 26년 만에 고국으로 돌아온 선생은 '자주독립의 통일정부 수립'을 위해 갖은 힘을 기울인다. 그러나 선생은 1948년 8월 15일, 9월 9일 결국 남과 북이 각각 나라를 세우는 민족분단의 현실에 부딪힌다. 그리고 1949년 6월 26일 '완전한 자주독립'의 한을 남긴 채 경교장에서 안두희의 흉탄에 쓰러진다.

선생은 '네 소원이 무엇이냐?' 하고 하나님이 물으시면 '나의 소원은 우리나라 대한의 완전한 자주독립이오'라고 대답하겠다[3]고 말했다. 2020년, 대한민국은 이미 세계의 중심에 서 있다. K-culture가 그렇고, K-economy가 그렇고, K-democracy가 그렇다. 세계인이 우리를 주시하고 있다. 선생의 꿈, 선생의 소원까지는 이제 그리 멀지 않다. 우리가 좀 더 옳은 민주시민이 되기를 결심하고, 온 민족이 만년대계로 민족의 행복을 바라는 간절한 마음을 갖는다면 그 꿈은 언제라도 이루어질 수 있다. 자유로운 시민이 사는 행복한 나라, 그리고 이웃 모든 나라들에 행복을 전파하는 그런 나라.

어린이의
마음은
천사와 같다

09

방정환(1899—1931)

소파 방정환이 잠들어 있는 곳
서울시 중랑구 망우로 570 망우리공원묘지(묘지번호 203703)

어린이의 생활을 항상 즐겁게 해주십시오. 어린이는 항상 칭찬해 가며 기르십시오. 어린이의 몸을 자주 주의해 살펴주십시오. 어린이에게 책을 늘 읽히십시오. 희망을 위하여, 내일을 위하여 다 같이 어린이를 잘 키웁시다.

방정환 묘 입구 어록비에서

나이 든 성인은 물론이고 손자를 둔 노인들에게까지 동심을 일깨우는 노래가 있다. '날아라 새들아 푸른 하늘을, 달려라 냇물아 푸른 벌판을, 5월은 푸르구나 우리들은 자란다. 오늘은 어린이날 우리들 세상'. 바로 〈어린이날 노래〉다. 푸르디푸른 5월의 하늘과 그 하늘의 싱싱한 푸름만큼이나 젊디젊었던 부모님의 손을 잡고 하루를 으쓱거리며 호사를 누리고 어리광을 피웠던 바로 그 어린이날의 노래다.

5월 5일 '어린이날'은 모든 이들을 행복에 빠지게 한다. 어린이들은 자신들이 주인공인 날이어서 마냥 행복하고, 어른들은 자신에게도 아주 오래 전 부모님과 함께했던 봄날의 하루가 있었음을 기억하며 행복하다. 거기에 또 지금 자신의 아이들에게 그런 소중한 추억들을 만들어줄 수 있어 더더욱 행복하다.

'어린이날'을 만든 이는 소파 방정환 선생이다. 방정환 선생은 '어린이날'만 만들지 않았다. 1920년 '어린이'라는 명칭도 처음 만들었다. 어른들의 소유물 정도로 취급되고 있던 미성숙한 어린 사람들을 '젊은이', '늙은이'라는 말과 같이 '어린이'로 이름 지어, 한 명의 독립된 인격으로 인식되게 하였다. 부모의 소유물이나

부수적인 존재가 아닌 어른과 같은 평등한 한 인간으로 서게 하였다.

방정환은 서울의 상인 집안에서 태어나 어릴 때부터 조부로부터 한문을 배우고 보통학교에 입학한다. 1907년 부친의 사업 실패로 가세가 기울어 이때부터 경제적 어려움을 겪기 시작하며 1908년 9세 때 동화구연과 토론회 모임인 '소년입지회'에 가입한다. 1913년 미동보통학교를 졸업하고 부친의 뜻에 따라 선린상업학교에 입학했다 졸업 1년을 앞두고 자퇴한 후 조선총독부 토지조사국에 잠시 취업해 가계를 돕는다.

방정환의 삶은 1917년 천도교 3대 교주인 손병희의 딸 손용화와 결혼하면서 전환기를 맞는다. 1918년 보성전문학교 법과에 입학해 중단했던 공부를 다시 시작하고 18·19세 소년들의 민족운동 비밀 모임인 '경성청년구락부'를 조직해 1918년 구락부 송년회에서 자신의 첫 자작 극본인 소인극 〈동원령〉을 연출하고 주연까지 맡는다.

1919년 3·1 운동 때는 천도교에서 창간한 〈조선독립신문〉을 등사판으로 제작해 배부하고 독립선언서를 배포하다 일경에 검거되어 일주일 동안 구속된다. 1919년 12월 국내 최초 영화잡지인 〈녹성〉 창간과 잡지 〈신여자〉 편집고문을 수락하고, 1920년에는 천도교 종합잡지인 〈개벽〉의 도쿄 특파원을 맡으며, 특파원 주재 중 도요(東洋)대학에서 청강생 자격으로 철학과 아동문학 등을 공부한다. 방정환은 1923년 3월 어린이 운동단체인 '색동회' 창립과 함께 국내 최초 어린이잡지인 〈어린이〉를 창간하고, 5월 1일 조선소년운동협회 주최로 어린이날 행사 주도와 함께 어린이날을 제정한다.

언론인이자 출판인 그리고 이 땅 최초의 어린이운동가로 활발한 활동을 이어가던 방정환은 일제의 탄압과 재정적 어려움 그리고 어린이운동을 둘러싼 조직 내 갈등으로 힘들어하다 건강 악화로 1931년 33세의 젊은 나이로 세상을 떠난다.

우리나라 근대화는 이웃 나라들에 비해 늦었다. 그런데 늦어진 근대화마저도 불행하게 일본의 강점기와 겹쳤다. 근대화 이전 사람 관계는 수직적이었다. 신분 간 수직이었고, 남녀 간 수직이었고 연장·연소자 간 수직이었다. 세 수직적 인간관계 중 가장 먼저 수평적 인간관계로 전환이 시도된 것이 연장·연소자 간 관계였다. 그리고 그 주도자가 바로 방정환 선생이었다. 선생이 만든 '어린이'라는 말에는 어린 사람을 존중하는 정신이 담겨 있다. 그리고 '어린이'를 '젊은이' '늙은이'와 동등한 인간으로 보는 '어린이' 존중 정신은 곧 '인간평등사상'과 통한다.

방정환 선생은 천도교도였다. 천도교는 동학의 바뀐 이름이다. 천주교(서교)에 대항하기 위해 유교·불교·도교를 바탕으로 1860년 최제우가 창도한 민족종교 동학(東學)은 2대 교주인 최시형 때 '사람 섬기기를 하늘같이 한다(事人如天)'는 가르침으로 발전한다. 그리고 3대 교주인 손병희에 이르러서는 1905년 '천도교'로의 개칭과 함께 '사람이 곧 하늘이다(人乃天)'라는 '인간평등사상'으로 발전한다. 방정환은 손병희의 사위였다. 그러나 손병희의 사위였기 때문에 방정환이 천도교를 만난 것은 아니었다. 그 반대였다.

1908년 방정환이 9세 때 가입한 '소년입지회'가 바로 천도교의 핵심 인물인 권병덕이 조직한 모임이었고, 성실한 소년 방정환을 눈여겨본 권병덕이 손병희에게 방정환을 소개하였다. 그리고 이것이 인연이 되어 방정환은 손병희의 사위가 되었다. 따라서 방정환은 10대도 되기 전, 일찍부터 '하늘이 곧 사람이다'라는 천도교의 '인간평등사상'을 온몸으로 세례받으면서 성장했다. 그리고 일찍부터 방정환의 몸에 배고 정신에 스며든 이 평등사상이 1921년 시작된 그의 어린이운동에 흠뻑 배어들었다.

방정환 선생의 묘소 입구 어록비에는 '어린이의 생활을 항상 즐겁게 해주십시오. 어린이는 항상 칭찬해가며 기르십시오. 어린이의 몸을 자주 주의해 살펴주십시오. 어린이에게 책을 늘 읽히십시오. 희망을 위하여, 내일을 위하여 다 같이 어린이를 잘 키웁시다'라고 쓰여 있다. 지금으로부터 100년 전 내용이다. 100년 전이면 오늘날까지 우리 삶에 그 흔적이 남아 있는 '어른과 어린이 사이에는 엄격한 차례와 일방적 복종 그리고 질서가 있어야 한다'는 수천 년 동양 역사의 '장유유서(長幼有序)' 도그마가 강하게 작용하고 있었을 때다. 이때 선생은 어린이는 육체적 그리고 정신적으로 덜 성숙할 뿐인 어른과 똑같은 인간으로, 존중 받고 보살핌 받고 격려 받아야 한다고 생각하고 또 자신의 생각을 사회운동을 통해 적극적으로 펼쳐나갔다.

선생의 묘비에는 '童心如仙(동심여선)' 네 글자가 새겨져 있다. 일반적인 우리말로 옮기면 '어린이의 마음은 천사와 같다'이다. 천사로 해석한 '仙'은 사실 '천사'가 아닌 '신선' '선'자다. 어린이의 맑고 깨끗한 마음을 비유하면서 그 비유 대상을 '신선'으로 삼는 것은 낯설다. '신선(仙)'에 비유한 것은 아마 천도교의 바탕인 세 종교, 유교·불교·도교 중 도교 내용에 기인한 듯하다. '유교·불교·도교'를 묶어서 말할 때 흔히 간단히 '유(儒)·불(佛)·선(仙)'으로 표현하는데, 이 중 도교를 나타내는 '선(仙)'은 '신선'으로, 이 세상에서 가장 깨끗하고 맑고 신성한 존재를 의미한다. 선생의 생각에 어린이의 마음이 바로 그런 신선의 상태였던 것이다. 오늘날로 보자면 '천사와 같은 마음'이었던 것이다.

방정환 선생 하면 사람들은 어린이 권익보호를 위한 사회운동가로 주로 기억을 한다. 방정환 선생은 어린이 권익보호를 위한 사회운동가 이전에 기본적으로 항일민족운동가였다. 선생의 항일민족운동 방식은 교육·계몽을 통한 항일 및 민족의식 함양과 실력양성 장려였다. 그래서 10대 후반부터 평생을 통해 문학활동, 잡지 발간 및 강연 활동 등의 방식으로 민족의식 개혁 운동을 전개했고, 1919년 3·1 만세 때는 독립선언서 배포와 〈조선독립신문〉의 발간 및 배부에 나서기도 했다.

이 세상 사람 중에 어린이 아니었던 사람은 없다. 이 세상 사람 중에 부모가 없었던 사람은 없다. '어린이날'은 모두를 어린이로 만든다. 어린이는 어린이여서 그대로 어린이이고, 어른은 자신의 튼튼한 보호막이었던 부모님과의 오래 전 봄날 그 어느 하루의 어린 시절을 추억할 수 있어 어린이다. 방정환 선생은 어린이들에게만 어린이날을 선물하지 않았다. 어른들에게도 선물했다. 1년에 하루는 청년이나 장년, 노인 모든 이들이 어린이로 돌아간다. 방정환 선생은 마법사이기도 하다.

매화분에
물을 주어라

10

이황(1501–1570)

퇴계 이황이 잠들어 있는 곳
경상북도 안동시 도산면 토계리 산 24–20번지

태어나길 어리석게 태어났고 자라면서 병도 많았네(生而大癡 壯而多疾)

어쩌다 학문 좋아해 뒤늦게 벼슬도 탐할 수 있었네(中何嗜學 晚何叨爵)

배움은 구할수록 멀어지고 벼슬은 피할수록 더해지네(學求猶邈 爵辭愈嬰)

나아가면 엎어지기 일쑤고 물러서면 마음 맑아지네(進行之跲 退藏之貞)

나라 은혜에 부끄러울 뿐이고 성인 말씀 두려울 뿐이네(深慙國恩 亶畏聖言)

산은 찌를 듯이 높고 물은 한량없이 깊네(有山嶷嶷 有水源源)

벼슬 떠나서야 뭇사람들의 비방 벗어날 수 있었네(婆娑初服 脫略衆訕)

내 이리 막혀 있으니 누가 나에게 마음 열 수 있을까(我懷伊阻 我佩誰玩)

생각건대 옛사람들 내 마음 진실로 아실 터이고(我思古人 實獲我心)

후인들 어찌 지금의 일 모를 리 있겠는가(寧知來世 不獲今兮)

근심 가운데 즐거움 있고 즐거움 가운데 근심 있네(憂中有樂 樂中有憂)

이제 무로 돌아가니 다시 그 무엇을 욕심내랴(乘化歸盡 復何求兮)

퇴계 묘비명에서

병이 중해지자 퇴계 이황은 조카 영을 불러 자신이 죽고 난 다음 지켜야 할 것들을 받아쓰게 한다. '나라의 요청이 있더라도 절대 국장(國葬)을 하지 말 것, 비석을 쓰지 말고 그저 작은 자연석 하나 세워 앞면에 '退陶晩隱眞城李公之墓(퇴도만은진성이공지묘: 도산에 물러나 만년을 은일한 진성 이씨의 묘)'라고 쓸 것, 묘비명은 기고봉 같은 이들에게 부탁하면 분명 없던 일까지 거창하게 늘어놓아 세상 사람들로부터 비웃음을 사고 말 것이니 반드시 자신이 미리 써놓은 명문(銘文)으로 새길 것' 등을 당부한다. 그리고 죽음이 임박하자 "매화분에 물을 주어라"라는 마지막 말을 남기고 앉은 자세로 죽음을 맞는다.[1]

퇴계의 죽음에 후학 율곡 이이는 '하늘이 남겨두시기를 바라지 않아 철인(哲人)께서 갑자기 병드셨도다'[2] 하고 하늘을 원망하며 한탄한다. 공자가 자신의 죽음을 앞두고 마지막 남긴 '철인(哲人)이 시들고 마는구나(哲人其萎乎)'의 그 '철인의 시듦'에 대한 안타까움을 율곡은 존경하는 대학자 퇴계의 영전에 바쳤다.

이황은 일찍이 도연명(365-427)의 시를 사랑하고 그의 사람됨을

흠모했다. 41세 때 '나 이제 돌아가리라'의 '귀거래사'를 읊으며 벼슬자리를 던지고 전원을 찾아 자연을 노래했던 동양 최고의 전원시인, 바로 그 도연명이다. 이황은 34세에 벼슬자리에 오른다. 그리고 9년 뒤인 43세에 지금의 경북 안동시 도산면 온혜리, 자신의 고향 마을 토계로 낙향한다. 이황은 마을 이름을 토계(兎溪)에서 퇴계(退溪)로 바꾸고 그 퇴계를 자신의 호로 삼는다. 퇴계 이황은 독서와 저술, 수양에 집중한다.

그러나 조정의 부름은 끊임없이 이어진다. 관직을 고사하거나 조정에 잠깐 나갔다 사직하는 일이 죽을 때까지 70여 차례나 반복된다. 퇴계를 흠모했던 명종(재위1545-1567)은 퇴계가 초빙에 응하지 않자 그의 고고한 향기라도 곁에 잡아둘까 싶어 퇴계 병풍을 만들기까지 한다. 신하들과 함께 '현자를 불러도 오지 않음을 한탄한다(招賢不至嘆)'는 제목의 시를 짓고, 화공을 몰래 보내 퇴계의 주변 풍경을 그려오게 해 병풍을 만들게 한다.

퇴계의 학문적 업적은 '주리론(主理論)'으로 상징된다. '주기론(主氣論)'과 함께 조선 성리학의 양대 축을 이루는 '주리론'을 주창한 이가 바로 퇴계다. 성리학을 시작한 중국 남송의 주자(1130-1200)는 자연을 '이(理)'와 '기(氣)'로 나누는 '이기론(理氣論)'의 체계를 잡았다. '이'는 '눈에 보이지 않는 원리'이고 '기'는 '우리 눈앞에 드러나는 물질'이다. 주자는 '이'와 '기'를 인간에게도 적용하지만 그렇게 치밀하게 심층적으로까지 파고들지는 않는다.

이기론이 인간을 대상으로 심화되기 시작한 것은 바로 이 땅 조선에서였다. 그 출발이 바로 퇴계 이황과 고봉 기대승(1527-1572) 간에 8년에 걸쳐 벌어진 사단칠정(四端七情) 논쟁이다. '주리론(主理論)'은 한자 말 의미 그대로 '이(理)를 중요시하는 주장'이다. 그리고 단순하게 구분하자면, 인간에게 있어 '이(理)'는 다름 아닌 사람의 능동적인 정신작용, 즉 의지라 할 수 있다. 주리론이나 주기론 모두 인간을 설명하는 데 여러 가지 논리적·사실적 한계를 지닌다. 여러 한계에도 불구하고 이황이 주리론에 집착했던 것은 바로 의지를 통한 인간의 도덕성 선양 때문으로 평가된다. 인간은 환경에 의해서만 좌우되는 존재도 아니고 본능에 의해 기계적으로 움직이기만 하는 존재도 아니다. 칸트의 도덕에서 자유의지가 필수인 것처럼, 이황의 도덕에서는 인간의 정신, 즉 '이(理)'의 능동적 역할이 필수다.

퇴계는 이 땅의 학문 발달을 위한 큰 제도적 기여도 했다. 바로 당시 사립학교이자 유교의 뛰어난 인물을 제사 지내는 서원의 발전 토대를 마련한 일이다. 퇴계는 48세에 10개월 정도 풍기 군수를 지낸다. 풍기는 고려 말 이 땅에 최초로 성리학을 들여온 안향의 고향이다. 풍기군수 재임 중 퇴계는 전임 군수 주세붕이 안향을 기려 세운 백운동서원에 사액(賜額)할 것을 조정에 요청한다. 주자의 백록동서원에서 연원된 '사액'은 '임금이 서원 이름을 쓴 현판인 편액을 내려주는 것'으로서, 그것은 조정이 서원을 공인함과 동시에 서원 운영에 경제적 지원을 하는 것을 의미한다. 백운동서원은 조정으로부터 '무너진 학문을 다시 이어서 닦는다

(旣廢之學 紹而修之)'는 의미에서 따온 '소수서원(紹修書院)'이라는 이름의 편액과 함께 서적과 노비 등 경제적 지원을 받는다. 조선왕조 최초의 사액서원 '소수서원'이 있음으로써 많은 서원들이 이어 등장하고 사람들의 배움의 기회는 확대된다.

퇴계는 27세에 상처하고 30세에 재혼한다. 유배 중이던 권질의 청으로 맞아들인 권질의 딸은 정신이 온전치 못했다. 한번은 집안 제사 중 상에서 떨어진 배를 부인이 남몰래 치마 속에 감춘 일이 있었다. 윗동서가 여러 사람 앞에서 부인을 나무라자 퇴계는 부인을 대신해 정중히 사죄한다. 그리고 부인을 따로 불러 배를 감춘 연유를 자상하게 물은 뒤 그 배를 깎아 부인에게 잘라준다.[3]

기대승과의 사단칠정 논쟁은 퇴계 나이 60에 시작된다. 퇴계는 당시 국립대 총장에 해당되는 성균관 대사성이었고 기대승은 34세의 이제 막 임관한 새파란 관리였다. 8년간 지속된 두 사람의 서한 논쟁은 시종일관 진지했다. 흔히 퇴계와 함께 거론되는 율곡(1536-1584)은 사실 퇴계보다 35살이나 아래다. 주기론자인 율곡이 사단칠정 논쟁에 뛰어든 것도 퇴계가 죽고 난 다음이었다. 물론 그 맞상대도 퇴계가 아닌 성혼이었다. 율곡은 23세에 퇴계를 찾아 가르침을 구한 뒤 퇴계와 서한을 주고받기 시작한다. 세상을 뜨기 4일 전 퇴계는 제자들을 머리맡에 모아놓고 "평소 잘못된 견해로 너희들과 함께 종일 강론을 벌이곤 했는데, 그것 역시 쉬운 일은 아니었다"[4]고 고백한다.

퇴계는 정신의 온전 여부를 가지고 사람을 차별하지 않았고, 나이나 지위, 역할을 가지고 사람을 차별하지 않았다. 부인은 반려자였고 기대승, 율곡은 소울메이트였고 제자들은 함께 공부하는 동학이었다.

퇴계가 세상을 떠나고 4년 뒤 후학들은 퇴계가 세운 도산서당 뒤에 퇴계를 기리는 도산서원을 세운다. 선조는 편액과 함께 문순(文純)이라는 시호를 내린다. 매운 계절이 지나고 훈풍이 불기 시작하면 도산서원은 매화 향기로 그윽해진다. 어떤 이들은 향기의 주인인 퇴계가 임종 때 남긴 바로 그 매화라 하기도 하고 또 어떤 이들은 그렇지 않다고도 한다. 아무려면 어떤가. 매화가 주인을 닮아 그 온화한 기품으로 사람들을 맞이하면 그것으로 족하지 아니한가.

어머니 묘 발치에
묻어달라

11

광해군(1575−1641)

광해군이 잠들어 있는 곳
경기도 남양주시 진건읍 사릉로 246번길 140−66

돌아가고 싶은 마음에 물리도록 왕손초를 보았더니, 나그네 꿈
속에 한양이 자꾸 보이네. 나라는 어찌 되는지 소식 알 길 없고, 안
개 자욱한 강가에 누워 있는 배 외롭구나.

유배지 제주에서 광해군이 읊은 시

우리나라 역사에서 광해군처럼 평가가 엇갈리
는 왕은 없다. 조선왕조 27명의 왕 중 3명이 재위 중 폐위되었다.
바로 6대 노산군과 10대 연산군 그리고 15대 광해군이다.

노산군은 11세에 왕위에 올라 3년 뒤인 14세 때 숙부인 수양
대군(세조)에 의해 사실상 폐위되어 2년 뒤인 1457년 사실상 살해
당한다. 그리고 241년이 지난 1698년 다시 왕으로 복위되어 단
종이라는 묘호를 받는다. 단종의 폐위는 어린 조카의 왕위를 탐
낸 숙부 세조에 의한 폭력적 왕위 찬탈이었다.

연산군은 그야말로 폭군이었다. 두 차례의 사화를 일으켜 나
라를 혼란에 빠뜨렸으며, 선왕의 후궁 두 명을 직접 자기 손으로
죽이고 조모를 구타하여 죽게 하는 등 인륜을 저버리고 왕위를
손상하는 일을 서슴지 않은 인물이었다. 그리고 황음무도했다.
그래서 중종반정에 의해 폐위되었다.

광해군은 임진왜란과 정유재란 중 세자의 신분으로 임시정부
를 이끌며 국난극복에 기여하고 임진왜란이 끝난 뒤에는 왕으로
서 전후 복구에 힘썼다. 그리고 무엇보다도 냉철한 국제정세 파
악으로 국가 보위에 진력했다. 그러다 인조반정에 의해 폐위되었

다. 조선의 역사는 오랫동안 그를 폭군, 패륜아, 혼군, 폐주라 불렀다.

광해군은 1608년 조선왕조 제15대 왕의 자리에 오른다. 그러나 거기까지 가는 과정이 참으로 지난했다. 먼저 광해군은 임금의 첩에게서 태어난, 그것도 장남 아닌 차남이었다. 핏줄을 중요시하고 장자의 지위를 절대시하는 원리주의 유교사회에서 광해군은 태어날 때부터 왕위 계승자로서 정통성을 결여하고 있었다.

1592년 17세에 세자에 책봉되고 난 뒤에도 위기의 연속이었다. 당시 관행이었던 조선의 세자책봉에 대한 명 황제의 동의가 5차례나 거부되었고, 아비인 선조는 전란 동안 세자에게 왕위를 넘기겠다는 거짓 제스처를 15차례나 취했다. 15차례의 양위 파동은 전쟁 중 임시정부의 수장으로 현장을 다니며 의병들의 싸움을 독려하고 백성을 위로하면서 세자가 백성과 명으로부터 관심을 받게 되자 권력누수 위협을 느낀 선조가 신하들을 다잡기 위해 벌인 노회한 생존술이었다. 물론 그때마다 가장 곤혹스런 이는 광해군이었다.

왕위로 가는 길은 마지막 순간까지도 살얼음판이었다. 영의정 유영경의 집요한 왕위 승계 방해 공작이 있었고 선조 본인이 자신의 병문안을 온 광해군을 문전박대하는 일이 벌어지기도 했다. 그리고 무엇보다도 승하를 앞둔 선조에게 적자가 있었다. 두 번째 비인 인목왕후가 낳은 두 살 난 영창군이었다. 아차하면 세자 자리와 함께 왕위 승계가 무위로 돌아갈 상황이었다. 광해군은 정인홍 등 대북파의 적극적인 도움과 인목대비의 현실적인 판단 그리고 선조의 불가피한 왕위 승계 유지에 의해 가까스로 왕위에 오른다.

광해군은 왕위에 오른 뒤 탕평과 전후복구를 통한 민생안정 그리고 새로운 위협세력으로 떠오르는 후금에 대비한 균형외교 등에 적극 나선다. 광해군은 먼저 영의정에 남인인 이원익을 임명하는 등, 자신의 왕위 승계에 적극 협력했던 북인뿐만이 아니라 다른 붕당들도 고루 등용해 연립정부를 구성한다. 그리고 경기도 지역에 대동법을 실시해 하층민들의 납세 부담을 덜어주고 《동의보감》과 《동국신속삼강행실도》를 편찬해 전란으로 망가진 백성들의 육체건강과 정신건강 회복에 힘쓴다. 아울러 전란 중 일본에 의해 약탈되거나 소실된 서적들을 보충하기 위해 《용비어천가》 등의 서적 복간과 함께 중국으로부터의 서적 구매에 나선다.

광해군은 왕의 권위 회복을 위한 건축물의 중건 또는 신축에도 적극 나선다. 종묘, 창덕궁, 창경궁을 중건하고 경희궁, 인경궁, 자수궁 등을 신축한다. 그리고 리더로서 광해군의 가장 뛰어난 성과라 할 수 있는 명 및 후금과의 등거리 외교에 나선다. 지는 태양이지만 명의 힘을 무시할 수 없었고 새로 떠오르는 막강한 세력인 후금과는 척을 지면 안 되었다. 물론 왕을 제외한 대부분의 신료들에게는 여전히 명이 동북아시아의 굳건한 중심이었다. 그리고 후금은 과거 그대로의 오랑캐일 뿐이었다.

광해군은 1623년, 48세에 인조반정으로 왕위에서 쫓겨난다. 인조반정 세력의 광해군 폐위 핵심 명분은 크게 두 가지였다. 어머니인 인목대비를 유폐시키고 이복동생인 영창군을 죽였다는 폐모살제(廢母殺弟)와 오랑캐인 후금과 선린을 맺으면서 명의 은혜를 배반했다는 명에 대한 사대(事大) 소홀이다.

민주정이 아닌 왕정에서 백성에게 가장 우선적인 선(善)은 왕권 안정이다. 선정(善政)은 그 다음이다. 동서양의 왕정 역사가 보여주듯 왕권이 흔들리면 가장 피해를 받는 이는 역시 민초들이다. 왕권 불안정은 곧 전쟁 또는 무정부 상태를 의미하기 때문이다. 따라서 왕정에서의 광해군의 폐모살제는 왕권 안정과 관련이 깊다.

광해군은 세자로서 16년을 지내는 동안 산전수전을 다 겪었다. 그중 가장 특별한 것은 임금을 대신해 임시정부조직이라 할 수 있는 분조를 이끌었고 그것도 현장에서 직접 두 눈으로 보고 두 귀로 들으면서 이끌었다는 것이다. 따라서 그 누구보다도 현장 감각이 뛰어날 수밖에 없다. 명이 지고 뒷날의 청인 후금이 부상하는 것이 그의 눈에는 보였다. 쉽지 않은 일이지만 중립 외교를 선택하지 않을 수가 없었다. 광해의 국제정세 판단이 옳았다는 것은 그토록 명에 대한 사대주의를 금과옥조로 여기던 인조정권이 정묘호란과 병자호란 그리고 삼전도의 굴욕을 초래한 것으로 뼈아프게 증명된다.

반정에서 쫓겨난 뒤 광해군은 강화도로 유배된다. 그리고 그
곳에서 폐세자가 된 아들과 폐세자빈 그리고 부인을 잃는다. 폐
세자는 갇힌 집 마당에 땅굴을 파 탈출에 성공하나 탈출 직후
발각되어 스스로 목숨을 끊고, 폐세자빈은 남편을 잃은 후 목
을 매 죽고, 부인 역시 폐위된 해에 세상을 등진다. 모진 것이 사
람 목숨이라 했던가? 광해군은 강화도에서 태안, 다시 강화도,
한양 교동 그리고 마지막 제주도로 유배지를 옮겨 다니면서 18
년을 더 산다. 4년간의 마지막 제주 유배 중 광해군은 회한의 시
한 수를 남긴다. 칠언율시의 뒷 절반만 옮긴다.

> 돌아가고 싶은 마음에 물리도록 왕손초를 보았더니(歸心厭見王孫草)
> 나그네 꿈속에 한양이 자꾸 보이네(客夢頻驚帝子洲)
> 나라는 어찌 되는지 소식 알 길 없고(故國存亡消息斷)
> 안개 자욱한 강가에 누워 있는 배 외롭구나(烟波江上臥孤舟)[1]

왕실에 대한 그리움, 국가 안위에 대한 걱정과 함께 모두 그리
고 모든 것으로부터 배제된 한 인간의 실존적 고독을 노래하고
있다. 제주에서 계집종에게도 핍박을 받던 광해군은 운명하기 전
자신의 시신을 "어머니 묘 발치에 묻어달라"[2]고 말한다. 광해군
의 어머니 공빈 김씨는 광해군이 세 살 때 세상을 떠났다. 기억에
어머니가 남아 있을 리 없다. 영욕의 세월 예순여섯 해를 보낸 광
해군이 찾은 영혼의 안식처는 다름 아닌 후궁이었던 자신의 어

157

머니 슬하였다.

　광해군은 조선왕조 15대 왕이었다. 종묘는 조선왕조의 정통성을 상징하는 조선왕조의 탯줄이다. 현재 이곳에는 조선왕조 건국자인 태조 이성계의 4대조 신위 및 추존된 왕들을 포함한 35명 조선 왕들의 신위를 모시고 있다. 1592년 임진왜란 중 종묘는 병화로 모두 소실된다. 그 소실된 종묘를 1608년 다시 복구한 이가 광해군이다. 현재 35위의 신위 중 광해군의 신위는 없다. 폐위된 '폭군'이라는 이유 때문이다. 역사의 아이러니다.

그 어디에도
얽매이지
않았으니

12
원효(617–686)
원효 대사가 잠들어 있는 곳
없음

각승은 처음으로 삼매경의 축을 열었고(角乘初開三昧軸)
무호는 마침내 온 거리의 풍습이 되었네(舞壺終掛萬街風)
휘영청 밝은 요석궁에 봄 잠이 사라지니(月明瑤石春眠去)
문 닫힌 분황사엔 돌아보는 그림자 없네(門掩芬皇顧影空)

일연이 원효의 생애를 기린 말[1]

원효 대사 하면 사람들은 흔히 두 가지 일화를 떠올린다. 스님 신분으로 공주와 사랑을 나눠 아들 설총을 낳았다는 이야기와 한밤중에 해골에 고인 물을 마시고 깨달음을 얻었다는 이야기다. 출가한 스님이 여인과 정을 나눠, 그것도 공주와의 사이에서 아이까지 얻었다는 것은 로맨스이기 전에 파격이고 충격이다. 한밤중에 해골에 고인 물을 마시고 깨달음을 얻었다는 이야기 역시 흔히 일상을 벗어나는 깨달음의 세계에 대한 경외이기에 앞서 경악이고 공포다.

원효는 지금으로부터 1,400년 전인 신라가 통일신라로 전환되는 7세기 중·후반을 살았던 사람이다. 우리나라 최초의 역사서인 《삼국사기》 편찬(1145년)으로부터는 500년, 두 번째 역사서인 《삼국유사》 편찬(1281년)으로부터는 무려 600년 전 인물이니 그에 대한 충분하고 충실한 기록을 기대하는 것 자체가 어쩌면 처음부터 난망이다. 따라서 후인들은 《삼국유사》나 중국 사서에 등장하는 원효에 대한 약간의 기록 그리고 원효 자신이 쓴 《대승기신론소》와 같은 저술을 통해 후인에게 남긴 그의 메시지를 살필 수 있을 뿐이다. 원효의 묘비명은 당연히 존재하지 않고 별도로 전해지는 유언도 없다.

《삼국유사》의 저자 일연은 '원효 대사 편'의 마지막을 앞의 시로 정리하고 있다. 일연이 이 땅의 역사 위에 쓴 원효의 묘비명인 셈이다. 이 시는 원효의 삶을 압축·요약한 가장 오래된 기록이다. 반대로 원효가 살았던 때를 기준으로 하면 원효로부터 가장 가깝고 가장 사실에 충실한 기록이다.

시의 첫 구절인 '각승(角乘)은 처음으로 삼매경(三昧)의 축(軸)을 열었고'의 의미를 살펴보면, '삼매경'은 불교의 경전 중 하나인 《금강삼매경》을 말한다. 그리고 '각승'은 중의적인 표현으로 '드러나는 의미'와 '숨은 의미' 두 가지 의미를 가진다. 먼저 '각승(角乘)'은 '뿔(角)'에 '오르다(乘)'라는 한자 의미 그대로 '뿔 위에 놓다'라는 드러나는 의미를 가진다. 그리고 숨은 의미로의 '각승(角乘)'은 《금강삼매경》의 핵심 개념, 즉 '축(軸)'인 '본각(本覺)'과 '시각(始覺)' '두 각(覺)'을 가리키고 있다. 원효는 왕의 부탁으로 《금강삼매경》의 해설서인 《금강삼매경론》을 저술하면서 소 한 마리를 준비해 그 소의 '두 뿔(角)' 사이에 붓과 벼루를 놓을 수 있도록 해달라는 다소 엉뚱한 요청을 한다. 《금강삼매경》의 '축(軸)'인 '본각'과 '시각' '두 각(覺)'의 의미를 은연 중 드러내면서 아울러 말장난의 재미를 더하기 위해 같은 발음인 '각(角)', 즉 소의 두 '뿔'을 준비해달라고 한 것이다. 따라서 '각승(角乘)은 처음으로 삼매경(三昧)의 축을 열었고'라는 첫 구절은 '원효는 소의 두 뿔 사이에 붓과 벼루를 두고 《금강삼매경》의 해설서를 저술함으로써 《금강삼매경》의 핵심인 본각(本覺)과 시각(始覺)의 의미를 은연중 강조했으며' 정도로 풀이할 수 있다. 학자로서의 원효의 열정과 재치가 드러나는 구절이다.

두 번째 구절인 '무호(舞壺)는 마침내 온 거리의 풍습이 되었네'의 의미를 살펴보면, '무호(舞壺)'의 '무(舞)'는 '춤'이고 '호(壺)'는 술 등을 담는 '병'을 말한다. 원효는 일반 서민들에게 불교 진리를 전할 때 엄숙한 표정과 난해한 말을 사용하지 않았다. 광대들의 박을 본떠 만든 호리병을 들고 춤을 추면서 진리를 전했다. 이때 원효가 춤을 추며 부른 노래가 바로 《화엄경》의 '일체의 구속에서 벗어나면 단번에 생사를 벗어난다(一切無旱人 一道出生死)'는 내용에서 이름을 따온 '무애가(無旱歌)'였다. 따라서 '무호(舞壺)는 마침내 온 거리의 풍습이 되었네'라는 구절은 '원효가 호리병을 들고 춤을 추면서 알기 쉽게 노래를 불러 불교의 진리를 전하니 이내 모든 사람들이 그 진리의 노래를 함께 따라 불렀네' 정도로 풀이할 수 있다. 대학자 원효가 대중 속으로 들어가 낮은 데로 처하는 모습이다.

세 번째 구절과 네 번째 구절은 한꺼번에 붙여서 풀이하는 것이 적절하다. '휘영청 밝은 요석궁에 봄 잠이 사라지니, 문 닫힌 분황사(芬皇)엔 돌아보는 그림자 없네'에서 요석궁은 요석궁에 살고 있는 공주를 의미한다. 그리고 '분황사'는 지금 경주에 남아 있는 그 '분황사'다. 원효는 주로 이 '분황사'에서 저술 활동을 했다. 따라서 이 세 번째, 네 번째 두 구절의 의미는 '원효가 공주를 만나 요석궁에서 봄날 늦게까지 사랑을 나누니 분황사에서 책을 보는 원효의 모습을 찾아볼 수 없구나' 정도로 풀이된다. 자유로운 영혼의 원효를 그리고 있다.

원효는 당대 최고의 불교 학자이자 인기 최고의 대중 강사였다. 그리고 자유인이었다. 원효는 당시 거의 모든 불경에 대한 해설서를 저술했다. 그 저술이 100여 종 240권에 이르렀다. 원효의 저술 중 《대승기신론소》, 《금강삼매경론》과 같은 책들은 우리에게 불교를 전해준 중국에 역수입돼 중국의 고승들이 즐겨 인용할 정도였다고 한다.

원효가 주창했던 사상의 핵심은 '일심(一心)'과 '화쟁(和諍)'이었다. '일심'은 부처가 될 수 있는 속성인 '불성(佛性)'을 의미하는 것으로서, 원효는 사람은 누구나 다 이 '일심'을 가지고 있다고 보았다. 그것은 곧 인간은 누구나 모두 존엄한 존재이고 평등하다는 관점이었다. '화쟁'은 종파 또는 주장들 간에 발생하는 '갈등(諍)'을 보다 높은 차원에서 바라보면 모두 '화해(和)'시킬 수 있다는 주장이다. '일심'과 '화쟁' 사상은 원효 자신의 저술인 《대승기신론소》에서 하나로 만난다. 원효는 '도를 행함으로써 모든 번뇌와 다툼, 차별 등을 끝내고 마침내 일심의 근원으로 돌아간다(爲道者永息,萬境 遂還一心之元)'[2]라고 주장한다. 깨달음을 추구함으로써 서로 간의 갈등을 없애고 동시에 각자 부처님의 속성을 회복

163

하게 된다는 이야기다.

원효는 당대 인기 최고의 대중 강사였다. 원효의 가르침은 일방적인 가르침이 아닌 더불어 함께하는 방식이었다. 공주와 사랑을 나눠 설총을 낳은 뒤 스스로 속인의 옷을 입고 농사짓는 노인, 그릇 굽는 옹기장이, 배움이 없는 이들과 함께 어울리면서 부처의 이름을 알리고 나무아미타불을 들려주었다.[3] 통일신라의 찬란한 불교문화 융성에 앞서 마땅히 불교의 대중화가 있었다. 그 불교 대중화의 선구자가 바로 원효였다.

원효의 정체성 하면 그 무엇보다 앞서는 것이 '자유인'이다. 스님의 신분으로 공주와 사랑을 나눈 것도 인습과 굴레를 초월한 '자유'였고, 서민 속으로 들어가 그들과 함께 불렀던 '무애가'의 주제도 '자유'였고, 해골에 고인 물을 마시고 깨달은 것도 이 세상 모든 것이 결국은 사람 마음에 달렸다는 인간 의지의 '자유'였다.

일연은 《삼국유사》를 저술하면서 원효 편을 별도로 편성한다. 그리고 그 편을 〈원효불기(元曉不羈)〉라 이름 짓는다. '원효는 그 어디에도 얽매이지 않았으니'라는 의미다. 학자, 대중 강사 그리고 자유인이라는 원효의 다양한 모습 중 '자유인'이 원효의 궁극의 모습이었다는 이야기다. 진리와 자유는 별개가 아니다.

내가 죽을 때에는
가진 것이
없을 것이므로

13

법정(1932–2010)

법정 스님이 잠들어 있는 곳
없음

법정은 출가한 지 스물세 해 되던 45세에 첫 수필집을 펴낸다. 《무소유》다. 첫 수필집에서 법정은 자신의 '미리 쓰는 유서'를 쓴다. '유서'의 내용은 이랬다.

죽게 되면 말없이 죽을 것이지 무슨 구구한 이유가 따를 것인가. 스스로 목숨을 끊어 지레 죽는 사람이라면 의견서라고 첨부되어야겠지만, 제 명대로 살 만치 살다가 가는 사람에겐 그 변명이 소용될 것 같지 않다. 그리고 그 말이란 늘 오해를 동반하게 마련이므로, 유서에도 오해를 불러일으킬 소지가 있다.

그런데 죽음은 어느 때 나를 찾아오는지 알 수 없는 일이다. 그 많은 교통사고와 가스 중독과 그리고 원한의 눈길이 전생의 갚음으로라도 나를 쏠는지 알 수 없다. 우리가 살아가고 있다는 것이 죽음 쪽에서 보면 한 걸음 한 걸음 죽어 오고 있다는 것임을 상기할 때, 사는 일은 곧 죽는 일이며, 생과 사는 결코 절연된 것이 아니다. 죽음이 언제 어디서 내 이름을 부를지라도 "네" 하고 선뜻 털고 일어설 준비만은 되어 있어야 할 것이다.

그러므로 나의 유서는 남기는 글이기보다 지금 살고 있는 '생의 백서

(白書)'가 되어야 한다. 그리고 이 육신으로서는 일회적일 수밖에 없는 죽음을 당해서도 실제로는 유서 같은 걸 남길 만한 처지가 못 되기 때문에 편집자의 청탁에 산책하는 기분으로 따라 나선 것이다.

누구를 부를까? 유서에는 흔히 누구를 부르던데?

아무도 없다. 철저하게 혼자였으니까. 설사 지금껏 귀의해 섬겨온 부처님이라 할지라도 그는 결국 타인이다. 이 세상에 올 때도 혼자서 왔고 갈 때도 나 혼자서 갈 수밖에 없다. 내 그림자만을 이끌고 휘적휘적 삶의 지평을 걸어왔고 또 그렇게 걸어갈 테니 부를 만한 이웃이 있을 리 없다.

물론 오늘까지도 나는 멀고 가까운 이웃들과 서로 왕래를 하며 살고 있다. 또한 앞으로도 그렇게 살아갈 것이다. 하지만 생명 자체는 어디까지나 개별적인 것이므로 인간은 저마다 혼자일 수밖에 없다. 그것은 보랏빛 노을 같은 감상이 아니라 인간의 당당하고 본질적인 실존이다.

고뇌를 뚫고 환희의 세계로 지향한 베토벤의 음성을 빌리지 않더라도, 나는 인간의 선의지(善意志) 이것밖에는 인간의 우월성을 인정하고 싶지 않다. 온갖 모순과 갈등과 증오와 살육으로 뒤범벅이 된 이 어두운 인간의 촌락에 오늘도 해가 떠오르는 것은 오로지 그 선의지 때문이 아니겠는가.

그러므로 세상을 하직하기 전에 내가 할 일은 먼저 인간의 선의지를 저버린 일에 대한 참회다. 이웃의 선의지에 대해서 내가 어리석은 탓으로 저지른 허물을 참회하지 않고는 눈을 감을 수 없을 것이다.

때로는 큰 허물보다 작은 허물이 우리를 괴롭힐 때가 있다. 허물이란 너무 크면 그 무게에 짓눌려 참괴의 눈이 멀고 작을 때에만 기억에 남는 것인가. 어쩌면 그것은 지독한 위선일지도 모르겠다. 그러나 나는 평생을 두고 그 한 가지 일로 해서 돌이킬 수 없는 후회와 자책을 느끼고 있다. 그것은 그림자처럼 따라다니면서 문득문득 나를 부끄럽게 괴롭게 채찍질했다.

중학교 1학년 때, 같은 반 동무들과 어울려 집으로 돌아오던 길에서였다. 엿장수가 엿판을 내려놓고 땀을 들이고 있었다. 그 엿장수는 교문 밖에서도 가끔 볼 수 있으리만큼 낯익은 사람인데 그는 팔 하나가 없고 말을 더듬는 불구자였다. 대여섯 된 우리는 그 엿장수를 둘러싸고 엿가락을 고르는 체하면서 적지 않은 엿을 슬쩍슬쩍 빼돌렸다. 돈은 서너 가락치밖에 내지 않았다. 불구인 그는 그런 영문을 전혀 모르고 있었다.

이 일이, 돌이킬 수 없는 이 일이 나를 괴롭히고 있다. 그가 만약 넉살좋고 건강한 엿장수였더라면 나는 벌써 그런 일을 잊어버리고 말았을 것이다. 그런데 그가 장애자라는 점에서 지워지지 않은 채 자책은 더욱 생생하다.

내가 이 세상에 살면서 지은 허물은 헤아릴 수 없이 많다. 그중에는 용서받기 어려운 허물도 적지 않을 것이다. 그런데 무슨 까닭인지 그때 저지른 그 허물이 줄곧 그림자처럼 나를 쫓고 있다.

이 다음 세상에서는 다시는 더 이런 후회스런 일이 되풀이되지 않기를 진심으로 빌며 참회하지 않을 수 없다. 내가 살아생전에 받았던 배

신이나 모함도 그때 한 인간의 순박한 선의지를 저버린 과보라 생각
하면 능히 견딜 만한 것이다.

"날카로운 면도날은 밟고 가기 어렵나니, 현자가 이르기를 구원을 얻
는 길 또한 이같이 어려우니라."

《우파니샤드》의 이 말씀을 충분히 이해할 것 같다.

내가 죽을 때에는 가진 것이 없을 것이므로 무엇을 누구에게 전한다
는 번거로운 일도 없을 것이다. 본래무일물(本來無一物)은 우리들 사문
의 소유 관념이다. 그래도 혹시 평생에 즐겨 읽던 책이 내 머리맡에 몇
권 남는다면, 아침저녁으로 "신문이오" 하고 나를 찾아주는 그 꼬마
에게 주고 싶다.

장례식이나 제사 같은 것은 아예 소용없는 일. 요즘은 중들이 세상
사람들보다 한술 더 떠 거창한 장례를 치르고 있는데, 그토록 번거
롭고 부질없는 검은 의식이 만약 내 이름으로 행해진다면 나를 위로
하기는커녕 몹시 화나게 할 것이다. 평소의 식탁처럼 나는 간단명료
한 것을 따르고자 한다. 내게 무덤이라도 있게 된다면 그 차가운 빗
돌 대신 어느 여름날 아침에 좋아하게 된 양귀비꽃이나 모란을 심어
달라 하겠지만, 무덤도 없을 테니 그런 수고는 끼치지 않을 것이다.

생명의 기능이 나가버린 육신은 보기 흉하고 이웃에게 짐이 될 것이
므로 조금도 지체할 것 없이 없애주었으면 고맙겠다. 그것은 내가 벗
어버린 헌옷이니까. 물론 옮기기 편리하고 이웃에게 방해되지 않을
곳이라면 아무데서나 다비(茶毘)해도 무방하다. 사리 같은 걸 남겨 이
웃을 귀찮게 하는 일을 나는 절대로 절대로 하고 싶지 않다.

육신을 버린 후에는 훨훨 날아서 가고 싶은 곳이 있다. '어린 왕자'가 사는 별나라 같은 곳이다. 의자의 위치만 옮겨 놓으면 하루에도 해 지는 광경을 몇 번이고 볼 수 있다는 아주 조그만 그런 별나라. 가장 중요한 것은 마음으로 봐야 한다는 것을 안 왕자는 지금쯤 장미와 사이좋게 지내고 있을까. 그런 나라에는 귀찮은 입국사증 같은 것도 필요 없을 것이므로 한번 가보고 싶다.

그리고 내생에도 다시 한반도에 태어나고 싶다. 누가 뭐라 한대도 모 국어에 대한 애착 때문에 나는 이 나라를 버릴 수 없다. 다시 출가 수 행자가 되어 금생에 못 다한 일들을 하고 싶다.[1]

법정은 사리탑이 없다. 물론 묘비명도 없고 묘도 없다. 유골은 당신이 직접 심고 평생 정성들여 키운 후박나무 아래 뿌려졌다. 당신의 '내가 죽을 때에는 가진 것이 없을 것이므로 무엇을 누구 에게 전한다는 번거로운 것도 없을 것이다'라는 말씀이 이루어 졌다.

Part 3

선善 _어떻게 살 것인가?

'네가 너의 선행을 기록한 것이, 여러 장에 이르는구나. 네가 감춘 너의 잘못 모두 옮겨 쓰면, 책 한권으로도 부족하리라.'

_정약용의 「자찬묘지명」에서

'사방팔방 오랑캐들이 저마다 황제국을 칭하고 나서는데 유독 조선만이 중국을 주인으로 받들어 모시니, 내가 살면 뭐하고 죽으면 또 뭐하겠느냐, 나 죽고 난 다음 곡도 하지 말라.'

_임제가 죽음을 앞두고 자손에게 남긴 말

'우리가 의(義)를 들어 여기에 이르렀음은 그 본의가 결코 다른 데 있지 아니하고 창생을 도탄 중에서 건지고 국가를 반석 위에다 두자 함이다. 안으로는 탐관오리를 몰아내고 밖으로는 횡포한 강적의 무리를 구축하자 함이라. 양반과 부호의 앞에 고통받는 민중들과 방백과 수령 밑에 굴욕을 받는 소리(小吏)들은 우리와 같이 원한이 깊은 자다. 조금도 주저하지 말고 이 시각으로 일어서라. 만일 기회를 잃으면 후회를 하여도 미치지 못하리라.'

_전봉준의 '격문'에서

송강,
사람을 쓰는 데
파당을
가리지 말게

01

이이(1536-1584)

율곡 이이가 잠들어 있는 곳
경기도 파주시 법원읍 동문리 산 5-1

'임금의 인덕(人德)을 선양하여 번부(藩部)를 편안케 하고, 왕위를 떨쳐 오랑캐를 섬멸하고, 민역을 완화하고, 미리 장재(將才)를 살펴 등용하였다가 위급에 대처해야 하오.'[1]

이이가 병석에서 평안함경도 순무어사 서익에게
세상을 뜨기 3일 전 남긴 말

이이는 별도의 묘비명이 없다. 부인 권씨와의 합장묘 비석에 '문성공 율곡 이선생의 묘(文成公栗谷李先生之墓)'라는 표시만 되어 있을 뿐이다. '문성(文成)'은 이이 사후에 조정에서 내린 이이의 시호고, 율곡(栗谷)은 이이의 본가가 있는 경기도 파주 율곡면의 이름에서 따온 이이의 호다. 이황이 자신의 고향 이름에서 퇴계라는 호를 가져온 것처럼 이이도 자신의 본가 마을 이름에서 호를 가져왔다.

율곡은 세상을 뜨기 3일 전 병문안을 온 서익에게 "임금의 인덕(人德)을 선양하여 번부(藩部)를 편안케 하고, 왕위를 떨쳐 오랑캐를 섬멸하고, 민역을 완화하고, 미리 장재(將才)를 살펴 등용하였다가 위급에 대처해야 하오"라고 말한다.[2] 번부는 변경지역을 말하고, 민역은 백성이 지는 노동력 동원 등의 부담을 말하고, 장재는 장수의 자질을 갖춘 인재를 말한다. 임금이 덕을 갖출 수 있도록 신하들이 부추김으로써 국가의 안정과 백성의 평안을 도모하고, 아울러 인재를 발굴해 국가 위기에 대처해야 한다는 이야기다.

이이는 이황과 함께 조선 성리학을 상징하는 인물이다. 그러
나 두 사람은 결이 다르다. 이황이 '학자'라면, 이이는 먼저 '경세
가(經世家)'이고 그 다음 '학자'다. 조선 중기 역사에서 이황이 '새
로운 이념 제시'의 역할을 맡았다면 이이는 '구체적인 개혁안을
제시'하는 역할을 담당했다. 사림세력이 화를 입은 사화(士禍) 시
대를 살았던 이황이 정치를 비켜나 학문을 가까이 할 수밖에 없
는 입장이었다면, 사림이 조정의 중심세력이 되는 시대를 산 이이
는 현실문제 해결에 적극적으로 나설 만한 입장이었다. 물론 당
시를 심각한 체제 위기 상태로 진단한 경세가(經世家) 이이의 입장
에서 적극적으로 나서지 않을 까닭도 없었다. 불같이 뜨거웠던
조광조(1482-1519)의 '도학정치 실현의 꿈'과 난세를 비켜 연단된
이황의 '학문과 사상'을 더해, 본격적으로 '유교적 이상정치의 실
현'에 나서볼 만했다.

이이의 정치개혁 주장은 크게 두 저술로 요약된다. 34세에 사
가독서 때 선조에게 올린《동호문답》과 그로부터 6년이 지나 40
세 때 선조에게 올린《성학집요》다.《동호문답》은 정치에 필요
한 원칙부터 구체적 해결방법까지 순차적으로 정리한 내용이고,
《성학집요》는 조선 중기의 군주학을 집대성하여 조선조 정치사
상의 모범을 제시한 내용이다. 두 내용 모두 단순한 관념이나 이
론이 아닌 경세론으로서의 구체적인 해결책과 임금의 독단이 아
닌 '임금과 신하가 함께 정치를 하는' 군신공치(君臣共治), 즉 재상
중심의 정치사상을 담고 있다.

《동호문답》,《성학집요》등으로 정리된 이이의 국가개혁 실현은 이이의 이른 죽음과 선조의 결단성 부족으로 실패로 끝난다. 그러나 결국은 성공한다. 바로 조선 중기 이후 이루어지는 정치 개혁의 지표 역할을 통해서다. 납세제도의 개혁인 대동법과 병역 제도의 개혁인 균역법 시행이 일찍이 이이가 제시했던 이들 개혁 안에서 출발하고, 학교 개혁론이나 노비제 개혁론 역시 이이의 개혁안 영향을 크게 받는다. 실학파의 시조인 반계 유형원은 자신의 개혁론의 근거를 이이의 경장론(更張論)에서 찾는다. 또한 이이의 성리학에 입각한 정치사상과 군신공치(君臣共治) 정신은 조선 후기 임금들의 정치 전범이 된다.[3]

이이 하면 사람들이 궁금해하는 것 중 하나가 조선왕조 최대 국난이었던 임진왜란과 정유재란 때 이이는 어디에서 무엇을 하고 있었는가 하는 것이다. 왜냐하면 일본 침략에 대비한 '10만 양병설'을 주장한 이가 바로 이이이기 때문이다. 이이는 안타깝게도 임진왜란이 일어나기 8년 전인 1584년 세상을 뜬다. 임진왜란 때는 이 땅에 없었다. 이이는 세상을 뜨기 1년 전 병조판서(오늘날 국방부장관)로서 선조에게 '긴급하게 힘써야 할 6가지 사항'이라는 '시무육조(時務六條)'를 올린다. 그리고 한 경연 자리에서 '10만 양병설'을 주장한다.

시무육조는 '①어질고 능력 있는 이를 임용할 것(任賢能), ②군사를 양성할 것(養軍民), ③재정을 충분히 갖출 것(足財用), ④변방 경계를 튼튼히 할 것(固藩屏), ⑤전쟁에 쓸 말을 준비할 것(備戰馬),

⑥백성들을 가르쳐 무지에서 깨어나도록 할 것(明教化)' 6가지다. 그리고 비슷한 시기 경연 자리에서 "나라의 기운이 완전히 바닥에 떨어졌습니다. 10년이 지나지 않아 산사태가 나듯 큰 화가 닥칠 것입니다. 원컨대 10만의 병사를 미리 길러야 합니다 (중략) 이렇게 하지 않았다가 어느 날 아침 갑자기 전쟁이 터지면 백성들은 그냥 전쟁으로 내몰릴 수밖에 없습니다. 그렇게 되면 나라는 끝장이 나고 맙니다"라고 말한다.

'시무육조'와 '10만 양병설'은 동인·서인의 날카로운 대립과 선조의 결단력 부족 속에 표류하고 만다. 1592년 4월 13일 부산에 상륙한 20만 왜군은 상륙 20일 만인 5월 2일 한양을 함락한다. 도로는 물론 신작로도 존재하지 않았던 때, 부산에서 서울까지의 수백 킬로미터를 단 20일 만에 주파했다는 것은 10만 양병은커녕 이 땅에 그 어떤 변변한 방비도 존재하지 않았다는 것을 의미한다. 한마디로 나라가 나라가 아니었다. 선조가 서둘러 의주로 피난하면서 한탄과 함께 이이의 이름을 목놓아 부르고, 병조판서 유성룡이 이이의 주장에 반대했던 것을 탄식해 봤자[4] 이미 '산사태는 일어났고' '나라는 끝장이 난' 상태였다. 이이가 세상을 뜨기 3일 전 순무어사 서익에게 남긴 말은 바로 이런 상황을 예상한 경세가 이이의 마지막 당부였다.

이이는 냉철한 경세가였지만 사림세력의 미래에 대해서는 다소 낙관적이었다. 4대 사화라는 큰 희생을 딛고 일어선 사림세력인 만큼 분열은 없을 것으로 생각했다. 그러나 그 판단은 빗나

갔다. 마지막 사화인 을사사화로부터 정확히 30년이 지난 1575년, 이조정랑이라는 자리에 누구를 앉힐 것인가를 두고 신진 사류인 김효원과 명종 비 인순왕후의 동생 심의겸이 충돌한다. 그리고 사림은 두 사람을 중심으로 분열하고 만다. 김효원을 위시로 하는 동인과 심의겸을 위시로 하는 서인으로다.

이이는 선조에게 탕평책을 건의해 분열의 장본인인 김효원과 심의겸을 외직으로 보내게 하는 등 분열을 막기 위한 갖은 노력을 한다. 동인은 물론 이이와 가까운 서인들도 이이를 공격한다. 상대방은 '소인의 당' 또는 '위붕', 자신들은 '군자의 당' 또는 '진붕'으로 규정하며 양파 간의 대립은 시간이 지날수록 더욱 날카로워진다. 제도·기강의 문란과 민생의 피폐, 그리고 일본의 조선 침략이 닥쳐오는 상황에서 이이가 피를 토하는 심정으로 올린 국가개혁안은 당파싸움에 찢기고 군주의 우유부단함에 갈 곳을 잃는다. 그런 상황 속에서 이이는 49년을 일기로 눈을 감는다. 그러면서 오랜 친구이자 정치적 동지인 정철에게 이 세상 마지막 말을 남긴다. "송강, 사람을 쓰는 데 파당을 가리지 말게"[5]라고.

나의 죽음을
알리지 말라

02

이순신(1545–1598)

충무공 이순신 장군이 잠들어 있는 곳
충남 아산시 음봉면 고룡산로 12–38

우리나라 사람들이 역사상 가장 존경하는 인
물 부동의 1위는 이순신 장군이다. 이순신 장군을 존경하는 이
유는 사람에 따라 조금씩 다를 수 있지만 대체적인 공통 배경은
두 가지다. 하나는 일본 침략으로부터 나라를 구한 인물이라는
것이고, 다른 하나는 우리가 이상적인 인간상으로 생각하는 전
인(全人)적 인간에 매우 가까운 인물이라는 것이다.

이순신 장군은 1545년 서울 건천동(지금의 중구 인현동)에서 4형
제 중 셋째로 태어나 어린 시절을 외가가 있는 충남 아산에서 보
낸다. 28세에 무인 선발시험인 훈련원별과에 응시해 시험 도중
말이 넘어지는 바람에 실격하고, 다시 4년 뒤인 1576년 32세에
식년무과 병과에 응시해 합격한다. 권지훈련원봉사라는 관직을
받은 장군은 여러 보직과 벼슬을 거쳐 1589년 정읍현감, 이어 진
도군수를 거쳐 47세인 1591년 2월 전라좌도수군절도사에 임명
된다.

장군은 머지않아 일본의 침략이 있을 것을 내다보고 전력 강
화에 들어간다. 1592년 4월 13일 왜군이 침입해 오자 장군은 왜

군과 10차례 격전을 벌여 10차례 모두 승리를 거둔다. 그리고 전쟁 도중 수훈을 인정받아 삼도수군통제사 자리에 오른다. 1593년 조선에 원군을 파견한 명과 일본 사이에 시작된 강화가 1597년 결렬되자 일본은 다시 조선 침략에 나선다. 이때 일본은 눈엣가시인 장군을 제거키 위해 계략을 쓰고 여기에 경상우수사인 원균의 모함이 더해져 장군은 삼도수군통제사에서 쫓겨난다.

죄인의 신분이 된 장군은 조정의 신문과 조사를 받은 뒤 백의종군에 나선다. 1597년 7월 칠천량 전투에서 삼도수군통제사 원균의 조선 수군이 전멸하자 이순신 장군은 삼도수군통제사로 복귀한다. 장군은 남아 있는 12척의 배로 명량해전을 승리로 이끌어 남해안의 제해권을 다시 찾아온다. 그리고 1598년 11월 19일 퇴각하는 왜군의 섬멸에 나서다 노량에서 적의 유탄에 맞아 전사한다.

전인(全人)적 인간은 지(智)와 인(仁) 그리고 용(勇)을 모두 갖춘 이를 말한다. 지(智)는 지혜를 의미하고, 인(仁)은 덕을 의미하고, 용(勇)은 용기를 의미한다.

이순신 장군은 지장(智將)이었다. 남해안을 지키는 네 명의 수군절도사 중 왜군의 침입을 미리 내다보고 전쟁에 대비한 이는 전라좌수사인 이순신 장군뿐이었다. 그 증거가 바로 왜선 350여 척이 부산 앞바다에 나타나자 경상좌수사인 박홍은 아예 싸워보지도 않은 채 도주하고, 경상우수사인 원균은 초반 조금 대응

하다 바로 물러난 일이다. 전라우수사인 이억기는 장군에 어느 정도 힘을 보태 연합작전에 참여했다. 주요 전투만 셀 때 이순신 장군은 임진왜란인 1592년에 10차례, 정유재란인 1597년, 1598년에 각 1차례 모두 12차례를 싸워 전승을 거둔다. 열세의 전력으로 왜군에 12전 전승을 거둔 것은 다름 아닌 전술전략의 승리였다. 《손자병법》에서의 전술전략 핵심인 5가지 요소, 즉 싸움의 명분인 도(道), 천기와 지리의 활용인 천(天)과 지(地), 장수의 리더십인 장(將) 그리고 엄정한 군기인 법(法)을 지혜롭게 사용했기 때문이었다. 그 결과 왜군은 남해, 황해로 이어지는 해상 보급로 확보에 실패하고 보급의 실패는 결국 일본의 조선 침략 전체 구도에 치명적 차질을 가져왔다. 장군은 마지막 순간까지도 지장이었다. 마지막 싸움인 노량해전에서 도망가는 적을 쫓다 유탄을 맞은 장군은 부하들에게 "나의 죽음을 알리지 말라(諱言我死)", "내 몸을 방패로 가리고 울음소리를 내지 말라(以牌防身體 使之不發哭)"[1]고 명령했다. 장군의 죽음이 알려지면 아군의 전열은 무너지고 적은 사기가 충천할 것이기 때문이었다. 장군의 지혜로 죽은 이순신이 산 왜군을 이겼다.

　이순신 장군은 덕장(德將)이었다. 원균이 칠천량 전투에서 패전과 함께 전사하고 난 뒤 장군은 다시 삼도수군통제사로 복귀한다. 이때 길거리의 백성들은 장군을 대환영하면서 장군에게 음식과 술을 강권하다시피 했다. 그리고 노량해전에서 장군이 전사했다는 소식이 알려지자 남도의 백성들은 길거리로 뛰어나와 통곡을 하고 시장에서는 사람들이 술을 마시려 들지 않았다.[2] 명나라의 정유재란 수전 지원은 1598년 7월부터 시작된다. 그런데 조선과 명의 수전연합작전을 앞두고 조정은 걱정을 한다. 명나라 수군 도독인 진린이 보통 까다로운 인물이 아니었고, 파트너인 조선의 삼도수군통제사 이순신은 자신의 생각이 옳다 하면 그대로 직진하는 성격이기 때문이었다. 그러나 그것은 기우로 끝난다. 진린과의 연합작전에 들어가자 장군은 자신이 거둔 전공의 대부분을 진린의 공으로 돌린다. 그러면서 진린의 협조를 적극적으로 얻어낸다.[3] 전쟁이 끝난 뒤 진린은 선조에게 이순신에 대한 평가의 글을 올린다. '재주는 천지를 주무르고, 공적은 나라를 다시 일으켰다(經天緯地之才 補天浴日之功)'[4]라는 극찬이었다.

이순신 장군은 용장(勇將)이었다. 장군이 삼도수군통제사로 복귀했을 때 조선의 수군 전체를 책임진 그에게 주어진 전력은 병사 120명과 배 12척뿐이었다. 조정도 염치가 없었는지 장군에게 수군 재건을 맡기면서도 해상에서 버틸 수 없으면 육지로 올라와 육전을 도와도 좋다고 명령 내렸다. 장군은 곧바로 '신에게는 아직도 전선이 12척이나 있습니다. 나가서 죽을힘을 다해 싸우면 이길 수 있을 것입니다(今臣戰船尚有十二 出死力拒戰 則猶可爲也)'[5]라고 장계를 올렸다. 그리고 장군은 명량해전에서 12척의 배로 133척의 적을 상대로 싸워 적선 31척을 수장시켰다. 정유재란 첫 번째 해전을 승리로 장식하면서 조선은 일본으로부터 제해권을 되찾았다. 조선 침략의 원흉 도요토미 히데요시가 1598년 8월 18

일 죽자 일본은 조선으로부터의 철군을 결정했다. 명은 물러나는 일본과의 강화를 통해 왜군의 퇴로를 확보해주려 했다. 장군은 끝까지 왜군을 섬멸할 것을 주장해 도망가는 적의 섬멸에 나섰다가 끝내 노량에서 운명을 달리한다. 장군은 당신의 마지막 싸움이었던 노량해전을 앞두고 '오늘 진실로 죽기를 결심했사오니 원컨대 하늘은 반드시 이 적들을 섬멸할 수 있게 해주소서(今日固決死 願天必殲此賊)'[6]라고 기원했다. 진실로 죽기를 각오하고 싸운 것이다.

1597년 8월 삼도수군통제사에 복귀한 후 명량해전을 앞에 두고 장군이 읊은 '한산도가'다.

> 한산섬 달 밝은 밤에 수루에 홀로 앉아(寒山島月明夜上戍樓)
> 큰 칼 옆에 차고 깊은 시름 하는 차에(撫大刀深愁時)
> 어디선가 들려오는 피리소리 남의 애를 끊나니(何處一聲羌笛更添愁)[7]

장군의 고독과 고뇌, 우국충정이 읽는 이의 가슴을 저민다.

청강에
고이 씻은 몸을
더럽힐까 하노라

03

정몽주(1337–1392)

포은 정몽주가 잠들어 있는 곳
경기도 용인시 처인구 모현면 능곡로 45(능원리)

이 몸이 죽고 죽어 일백 번 고쳐 죽어
백골이 진토되어 넋이라도 있고 없고
임 향한 일편단심이야 가실 줄이 있으랴

정몽주 묘비명에서

정몽주는 고려 최후의 충신이다. 그러나 정몽
주를 존숭하고 역사에 빛나는 인물로 높이 세운 것은 바로 그
고려를 밟고 올라선 조선왕조다. 새로운 왕조 창업에 반대하는
정몽주를 죽이고 등장한 바로 그 조선이 정몽주를 높이 기린 것
이다. 역사의 아이러니다. 왜일까?

정몽주는 문무를 겸비한 뛰어난 정치인이었다. 23세에 문과에
장원으로 급제한 정몽주는 학자로서, 외교관으로서 그리고 군
사전략가로서 다양한 분야에서 탁월한 성과를 낸다.

학자로서의 정몽주는 안향(1243-1306)에 의해 도입된 주자의 성
리학이 단순히 학문에 머무르지 않고 정치와 사상의 토대로서
역할할 수 있도록 하였으며, 오늘날 국립대 총장에 해당되는 성
균관 대사성이 되어서는 수도인 개성에 5부 학당 그리고 지방에
는 향교를 두는 교육제도를 도입하였다.

외교관으로서의 정몽주는 1377년 모두가 꺼리는 일본에 사신
으로 가 막부에 왜구의 단속을 요청해 합의를 받아냄과 동시에
일본에 끌려간 고려 백성 수백 명을 귀국시켰으며, 1384년과 1386

년에는 악화된 명나라와의 외교를 정상화시킴과 동시에 명에 대한 세공(歲貢) 삭감 실현 등 고려의 국익 증진에 크게 기여했다.

군사전략가로서의 정몽주는 1363년 이성계와 함께 여진족 토벌에 참가하고, 1380년과 1383년 역시 이성계와 함께 왜구 토벌에 참가해 성과를 올렸다.

그 외에도 의창(義倉) 설립을 통한 빈민 구제, 기존 고려의 법률에 원과 명나라의 법률을 참고한 '신율(新律)'의 편찬, 시묘(侍墓) 모범을 통한 민간의 미풍양속 확립,《주자가례》에 따른 사당과 신주 마련 권장 등의 유교적 제사예법 확립 등 다방면에 걸쳐 국가와 백성에 도움이 되는 많은 역할을 하였다.

정몽주와 이성계는 사실 처음부터 갈등관계는 아니었다. 두 사람은 여진 정벌과 왜구 토벌에서 함께 전장을 누볐던 전우였고, 신돈의 핏줄로 의심되는 창왕을 쫓아내고 고려의 마지막 왕인 공양왕을 세우는 폐가입진(廢假立眞)에서는 운명을 함께한 혁명 동지였다. 그리고 무엇보다 두 사람 모두 '유교적 왕도정치가 실현되는 새로운 사회'를 꿈꾸는 개혁파였다.[1]

그러나 두 사람의 시선이 같은 방향을 향하는 것은 여기까지였다. '유교적 왕도정치가 실현되는 새로운 사회'라는 목적에서는 같은 입장이었지만 그것을 실현하는 방법에서는 날카롭게 대립했다. 타협의 여지가 없었다. 정몽주는 고려왕조를 다시 수선해 쓰자는 '개혁'의 입장이었고, 이성계는 구악을 완전히 몰아내고 새 판을 짜야 한다는 '혁명'을 주장했다. 그리고 그 혁명의 주체는 당연히 자신이어야 했다. 어제의 전우, 혁명 동지가 오늘은 서로 한 치도 물러설 여지가 없는 적대관계로 바뀌었다.

태조 이성계의 다섯째 아들이자 이성계의 조선왕조 창업 동지인 이방원은 정몽주의 마음을 떠보기 위해 그를 초청한다. 그리고 분위기가 잡히자 '하여가(何如歌)'를 읊는다.

이런들 어떠하리 저런들 어떠하리(此亦何如 彼亦何如)
성황당 뒷담이 무너진들 또 어떠하리(城隍堂後垣 頹落亦何如)
우리도 이같이 얽혀 천년만년 살아보세(我輩若此爲 不死亦何如)[2]

정몽주가 답한다.

이 몸이 죽고 죽어 일백 번 고쳐 죽어(此身死了死了 一百番更死了)
백골이 진토되어 넋이라도 있고 없고(白骨爲塵土 魂魄有也無)
임 향한 일편단심이야 가실 줄이 있으랴(向主一片丹心 寧有改理也歟)[3]

정몽주의 '단심가(丹心歌)'다. 회유하는 입장인 만큼 이방원의 '하여가'는 우회적인 데 반해, 충절의 거물 정치인 정몽주의 '단심가'는 단호하고 직설적이다. 회유하기를 단념한 이방원은 정몽주를 제거하기로 작정한다. 정몽주는 정세도 살필 겸 이성계의 병문안을 다녀오던 중 선죽교에서 이방원의 부하 조영규에 의해 격살 당한다. 견제세력이 사라진 고려 말 정국은 빠른 속도로 혁명의 소용돌이 속으로 빨려 들어간다. 왕씨에서 이씨로 나라의 주인이 바뀌는 역성혁명 속으로.

조선왕조는 유교, 그중에서도 성리학의 국가였다. 성리학에서 가장 중요시하는 것은 다름 아닌 의리(義理)다. 정몽주는 군주에 대한 의리를 끝까지 고집한 인물이었다. 목숨까지 내놓으면서 고려왕조에 대한 신하로서의 충절을 다한 인물이었다. 태종은 1401년 정몽주에게 대광보국숭록대부 영의정부사 수문전대제학 감예문춘추관사 익양부원군(大匡輔國崇祿大夫 領議政府事 修文殿大提學 監藝文春秋館事 益陽府院君)이라는 온갖 벼슬을 추증한다. 정몽주 살해를 직접 지시했던 그 이방원 태종이 이제는 정몽주에게 자신이 줄 수 있는 모든 최고의 명예들을 부여한 것이다. 1517년 중종에 이르러 정몽주는 공자의 문묘에 배향되는 명예를 누리게 되고, 개성의 숭양서원 등 13개 서원에 제향되게 된다. 정몽주의 스승 이색은 정몽주를 일러 '동방 이학(理學)의 시조'[4]라 했다. 극찬이었다. 이색의 평가대로 시간이 지나면서 정몽주는 조선 사림의 시조로 자리매김한다. 정몽주→길재→김숙자→김종직→김굉필→조광조로 이어지는 조선 사림 정통 계보의 그 첫머리에 서게 된다. 고려왕조의 사직을 끝까지 지키고자 했던 고려 최후의 충신이 아이러니하게도 조선 선비들의 충절의 표상이 된 것이다.

정몽주의 어머니 이씨는 자식 교육에 엄했다. 자식을 경계코자 이씨가 지은 '백로가'다.

까마귀 싸우는 골에 백로(白鷺)야 가지마라

성난 까마귀 흰 빛을 새오나니

청강(淸江)에 고이 씻은 몸을 더럽힐까 하노라

정몽주는 어머니의 당부대로 몸을, 마음을 깨끗하게 간직했다. 그리고 왕조를 넘어서서 청사에 빛나는 충절의 대명사가 되었다.

정몽주는 죽어서 경기도 용인에 묻힌다. 살아생전 아무 연고도 없는 용인에 묻히게 된 데에는 전해지는 사연이 있다. 선생의 유골을 고향으로 이장하기 위해 개성에서 경북 영천을 향하던 중, 행렬이 용인에 이르렀을 때 갑자기 바람이 불어 명정이 날아가 지금의 묘소 위치에 떨어졌다. 그래서 선생의 후손들은 그곳에 묘를 쓰게 되었다고 한다. '사거용인(死居龍仁)', '죽어서는 용인에 묻힌다'는 말이 그때도 있었던 것일까, 충절의 표상 정몽주의 혼이 자신이 쉴 곳을 용인으로 선택했다.

한고조가 장량을
이용한 것이 아니라
장량이 한고조를
이용했다

04

정도전(1342–1398)

삼봉 정도전이 잠들어 있는 곳
경기도 평택시 진위면 은산리 288–1

정도전은 조선의 설계자다. 조선왕조의 상징인 경복궁의 위치와 이름 그리고 관악의 화기(火氣)를 막기 위한 궁 앞의 해태석상 설치를 정한 이가 그고, 오행사상에 따라 숭례문(남대문)을 비롯한 4대문과 중앙 보신각의 위치와 이름을 정한 이가 그다. 설계의 대상에는 물질이 아닌 정신도 해당된다. 유난히 나이를 중요시하고, 지나치게 위아래 간 질서를 의식하고, 근거 없이 남자를 여자에 우선시하는 사고방식 역시 상당 부분 정도전의 정신 설계에서 비롯된다. 바로 숭유억불(崇儒抑佛)을 국시로 삼은 조선의 설계도로부터다.

그러고 보면 정도전의 영향은 조선왕조에 한정되지 않는다. 매일같이 경복궁 앞을 지나다니고 사람을 대할 때마다 상대방의 말투와 나이에 예민한 오늘날의 우리 역시 정도전이 설계한 물질 그리고 정신 환경 위에 놓여 있다. 14세기 말 정도전이 설계한 것은 결과적으로 조선이 아니라 이 땅 그리고 이 땅 위에서 살아갈 사람들이었다.

정도전은 충청도 단양 삼봉에서 태어나 아버지 친구의 아들인

이색(1328-1396) 문하에서 공부했다. 20세인 1362년 진사시에 합격해 출사하고 1370년 성균관박사가 되어 정몽주와 함께 명륜당에서 성리학을 강론했다. 이듬해부터 인사행정을 담당하던 중 1375년 이인임 등 권신세력의 친원배명 정책에 맞서다 전라도 나주의 거평부곡으로 유배되었다.

1377년 유배에서 풀려나 이곳저곳을 떠돌던 정도전은 1383년 동북면도지휘사로 있던 이성계를 찾는다. 사상과 칼은 첫 만남에서 서로를 알아본다. 이듬해인 1384년 정몽주의 추천으로 서장관이 되어 명나라를 다녀오고 1385년 이성계의 추천으로 성균관대사성에 임명되며 이때부터 정도전은 이성계와 조선왕조 창업 동지의 길을 걷기 시작했다. 1388년 6월 이성계의 위화도 회군, 1389년 폐가입진(廢假立眞)에 의한 창왕 폐위와 공양왕 옹립, 1391년 이성계의 병권 장악 등 중요 고비마다 정도전은 핵심 역할을 수행했다. 그러다 1392년 봄 고려왕조 유지파인 정몽주의 탄핵으로 감옥에 투옥되었다 이방원에 의해 정몽주가 격살된 뒤 풀려나왔다. 그리고 같은 해 7월, 조준, 남은 등과 함께 마침내 이성계의 이씨 왕조 개창에 성공한다.

정도전은 조선왕조 창업 이후 역성혁명의 정당성 확보, 숭유억불 국시 확립, 새로 천도한 한양 정비, 법제 및 행정 정비, 역사 편찬 등 조선왕조의 기반 구축과 함께 요동정벌 준비에 매진하던 중, 1398년 8월 이방원의 기습공격으로 죽는다. 유배와 유랑으로 9년의 간고한 시간을 보내던 낭인 정도전이 이성계를 만났던 때로부터 15년이 지난 때였다.

정도전이 벼슬에 나간 지 2년째가 되는 22세 때 지은 '고의(古意)'라는 시다. 자신이 앞으로 헤쳐 나가야 할 간난과 큰 설계자로서의 역할 그리고 자신의 설계를 실행시켜줄 실력자를 기다리는 마음이 드러난다. 기상이 드높다.

푸른 소나무 길 옆에서 자라니 자귀와 도끼질을 면할 길이 없네
(蒼松生道傍 未免斤斧傷)

그러나 굳고 곧은 자질을 지녀 햇불이 타는 것을 도와주네
(尙將堅貞質 助此爛火光)

어떻게 하면 아무런 재앙 없이 곧은 줄기 하늘 높이 솟아올라
(安得無恙在 直榦凌雲長)

때가 와서 큰 집을 지을 때 우뚝이 대들보 재목으로 쓰일 건가
(時來堅廊廟 屹立充棟樑)

어느 누가 이러한 뜻을 미리 알아 가장 높은 언덕에 옮겨 심어줄는지
(夫誰知此意移種最高岡)

1388년 고려의 마지막 개혁군주인 공민왕이 신돈을 불러들여 맡긴 것은 전민변정도감(田民辨正都監)이었다. 이름 그대로 전민변정도감은 '토지의 소유 연유와 노비의 노비 된 연유를 따져, 부당하게 빼앗긴 토지를 원래의 주인에게 되돌려주고 부당하게 노비가 된 자의 신분을 다시 상민으로 회복시키기 위한 특별 기구'였다. 그런데 이 전민변정도감은 이때 처음 설치된 것이 아니었다. 고려 말기 100여 년에 걸쳐 7번이나 설치되었다. 그 마지막 7

번째가 바로 이 공민왕 때였다.

부를 창출하기 위해서는 두 가지 요소가 만나야 한다. 생산수단과 노동력이다. 농업사회의 생산수단은 '토지'다. 그리고 노동력은 '노비'다. 전민변정도감이 7번이나 설치되었다는 것은 사회 일부 세력에 의한 토지·노비의 강탈과 편취가 시간이 지날수록 더욱 심해지고 있다는 것과, 동시에 이런 상황이 개선되기 쉽지 않다는 것을 의미한다. 결국 공민왕의 마지막 개혁도 실패로 끝난다. 백성은 도탄에 빠지고 국가 재정은 붕괴를 향해 달린다. 이제 남은 방법은 인류 역사가 명백히 보여주듯 혁명뿐이었다. 이때 등장한 이가 바로 정도전과 이성계였다.

정도전은 조선의 설계자였다. 그리고 그 모든 것의 출발은 토지개혁이었다. 정도전은 첫 번째 유배지였던 나주의 거평부곡에서 민중의 삶을 경험한다. 농민과 천민이 섞여 사는 부곡에서 민중의 시각으로 세상을 보는 법을 배운 것이다. 그리고 실력자인 이성계를 만나 자신의 준비된 이상을 펼 수 있게 되자 그것을 실행에 옮긴다. 60~70개 가문 정도의 권문세족[1]에게 집중된 이 나라의 토지를 다시 민중과 나라에게로 되돌리는 '나라를 다시 세우는 작업', 토지개혁이었다.

토지개혁은 정도전의 기획에 의해 1388년 7월 대사헌 조준의 전제개혁 상소로부터 시작된다. 예상했던 기득권의 반발이 터져나오자 추가적인 잇따른 상소와 함께 권문세족의 중심인물인 조민수를 제거하고 급기야 창왕에서 공양왕으로의 왕위 교체까지 감행한다. 한 줌도 안 되는 몇몇의 손에 쥐어져 있던 이 땅의 토지는 마침내 그것을 삶의 터전으로 하는 민중과 나라의 것으로 돌아간다. 그리고 1390년 9월 이 땅 역사 최초이자 마지막인 빅 이벤트가 벌어진다. 기존의 전국 모든 토지대장을 개경 시내에 쌓아놓고 불을 지른 것이다. 《고려사》는 '기존의 공사전적을 시가에 쌓아놓고 불을 질렀다. 그 불이 여러 날 동안 탔다'[2]라고 전한다.

사실상 역성혁명은 끝났다. 민중이 그들에게 돌아온 토지를 거부할 리 없고, 그들에게 그 토지를 돌려준 이성계의 혁명세력을 받아들이지 않을 리 없었다. 1392년 7월 17일 이성계는 백관의 추대로 왕위에 오른다. 그리고 1393년 3월, 나라 이름을 고려에서 조선으로 바꾼다. 조선의 설계자 정도전은 본격적으로 국가 설계에 나선다.

정도전은 술에 취하면 자신을 중국 한나라 창업공신인 장량에 비유하면서 "한고조가 장량을 이용한 것이 아니라 장량이 한고조를 이용했다(不是漢高用子房 子房乃用漢高)"[3]고 말했다 한다. 정도전은 태조의 후계자로 둘째 비 강씨 소생의 방석을 지지했고 또 세자 방석의 교육을 담당했다. 재상이 정치의 중심이 되는 왕도정치를 꿈꾼 것이었다. 정도전은 1398년 8월 25일 조선 창업에 적지 않은 지분을 가진 이방원의 습격으로 죽는다. 오늘날의 입헌군주제와 일부 닮은 재상 중심의 왕도정치는 아직 너무 앞서간 것이었다.

내가 죽거든 관을
얇게 만들고
두껍게 하지 말아라
먼 길 가기 힘들다

05

조광조(1482–1519)

정암 조광조가 잠들어 있는 곳
경기도 용인시 수지구 상현동 산55–1

임금을 어버이처럼 사랑하였고
나라를 내 집처럼 근심하였네
밝은 해 세상 굽어보니
이 내 충정 더없이 밝게 비치리

조광조의 절명시

조선은 《경국대전》 완성 등 국가의 기틀 잡기에 100년을 들인다. 그리고 《경국대전》이 완성된 성종 때 비로소 조선의 국시인 성리학의 이상향, 도학정치 실현 시도에 들어간다. 바로 훈구세력을 견제하기 위한 성종의 김종직 등 신진 사림세력 등용으로부터다. 그러나 성종에 의해 의욕적으로 시도된 도학정치는 연산군의 무오사화, 갑자사화로 중단되고 만다. 그리고 중단된 도학정치 시도는 중종 때 다시 되살아난다. 이때 그 되살아난 조선 도학정치의 불쏘시개 역할을 했던 인물이 바로 조광조다.

조광조는 조선왕조 개국공신 조온의 5대 손으로 태어나 17세 때 부친의 임지인 평안도 희천에서 무오사화로 유배중인 김굉필에게 학문을 배웠다. 28세인 1510년 사마시에 장원으로 합격해 성균관에 들어가 공부하던 중 성균관 유생 200여 명의 천거와 이조판서 안당의 추천으로 33세인 1515년 관직에 나간다. 같은 해 별시문과 을과에 급제해 전적, 감찰, 예조좌랑을 역임하면서 중종의 신임을 얻어 임금에 대한 간쟁을 맡는 사간원의 정언

(정6품)이 된다. 이때 왕후의 죽음으로 계비 책봉문제가 발생한다. 그리고 이를 둘러싸고 사간원의 수장인 대사간(정3품) 이행이 기존 폐위된 정비 신씨의 복위 상소를 올린 이들을 탄핵하는 사건이 일어난다. 조광조는 대사간으로서 상소자를 벌하는 것은 언로를 막는 것으로서 이는 곧 국가존망에 관계되는 일이라고 주장해 대사간 이행의 파직을 이끌어낸다.

이후 조광조는 홍문관의 수찬과 핵심 보직인 이조의 정랑을 거쳐, 35세인 1517년 홍문관의 교리가 되어 경연에서 임금에게 경서를 강의하는 경연시독관과 역사의 기록·편찬을 담당하는 춘추관기주관을 겸하게 된다. 1518년에는 당상관인 홍문관 부제학(정3품)으로 승진하고, 같은 해 11월 조광조는 백관을 규찰하는 사헌부의 수장인 대사헌(종2품)으로의 승진과 동시에 세자 교육을 담당하는 부빈객에 오른다.

조광조는 도교의 제사 집행 관서인 소격서 폐지, 천거를 통한 인재등용제도인 현량과의 도입 등 도학정치 실현에 매진하다 1519년 위훈삭제(僞勳削除) 사건을 일으킨다. 1506년 연산군을 몰아내고 중종을 옹립한 중종반정에서 특별히 기여한 것도 없이 공신 명부에 올라가 있는 이들의 명단을 삭제한 이 사건은 훈구파의 격렬한 반발을 불러일으킨다. 훈구파의 조광조 탄핵과 '주초위왕(走肖爲王)' 조작 사건에, 신진 사류의 과격해지는 행동에 부담을 느낀 중종의 변심이 더해져 결국 조광조는 1519년 전라도 화순의 능주로 유배를 떠난다. 그리고 같은 해 12월 16일 사사된다. 기묘사화다. 이제 나이 37세, 세상을 바꾸겠다는 꿈을 안고 출사한 때로부터 불과 4년 지난 때였다.

조광조의 도학정치는 한마디로 도학(道學), 즉 '성리학' 이념을 바탕으로 하는 정치사상을 말한다. 그리고 성리학에서의 이상 정치는 다름 아닌 맹자의 '왕도정치(王道政治)'다. 왕도정치는 무력과 강압으로 백성을 다스리는 패도정치(覇道政治)에 상대되는 말로, 임금이 '백성을 사랑하는 마음으로 돌보고(保民而王)'[1], '백성과 더불어 즐기는(與民同樂)'[2] 정치를 하는 것을 말한다. 한마디로 선한 마음을 가지고 진정으로 백성을 위하는 정치를 하는 것이다.

따라서 도학정치의 중심은 군주이고, 핵심은 그 군주의 수양이다. 그리고 군주의 수양 결과는 군주가 백성을 위하는 진정한 마음과 함께 바로 소인과 군자를 분별할 수 있는 안목을 갖는 것이다. 두 번째로 중요한 것은 신하의 역할이다. 신하 중에서도 임금을 직접 보좌하는 고위직 신하, 즉 재상의 역할이다. 임금의 뜻은 결국 재상을 통해 집행된다. 임금은 수양된 태도와 안목으로 군자를 발탁해 재상으로 쓰고, 세부적인 정사를 담당하는 것은 이 재상을 비롯한 신하들의 몫이다. 따라서 신하들의 우두머리인 재상은 위로는 임금이 진정 백성을 위하는 정치를 펼 수 있도록 성심을 다해 보좌하고, 아래로는 다른 신하들과 백성을 교화시키는 데 진력해야 한다. 세 번째 중요한 것은 임금과 신하들 간의 소통이다. '백성을 사랑하는 마음으로 돌보고' '백성과 더불어 즐기는' 왕도정치를 하기 위해서는 먼저 백성들이 무엇을 바라고 있는지를 알아야 하고, 그 백성들이 바라는 바는 신하들의 상소를 통해 임금에게 전달된다. 따라서 '상소의 자유' 보장이 매우 중요하다. 그리고 마지막으로, 도학정치의 근본인 성리학의 유교를 중시하고 불교와 도교를 배척해야 한다는 입장이다. 유교 입장에서 볼 때, 불교는 인륜에 관심이 없고 도교는 사회에 관심이 없었다. 세대가 이어지고 사람이 생존하기 위해서는 인륜과 사회유지가 필수다. 성리학을 국시로 삼은 조선왕조 입장에서 유교는 절대 권장하고 불교와 도교는 배척할 수밖에 없었다.

조광조의 도학정치 실현을 위한 불쏘시개 역할은 무오사화로 시작해 기묘사화로 끝난다. 무오사화로 유배 중이던 김굉필을 만남으로써 왕도정치 실현을 꿈꾸게 되고, 기묘사화로 그의 왕도정치에 대한 꿈이 막을 내렸기 때문이다. 조광조가 관료로서 살았던 기간은 불과 4년이다. 4년이란 짧은 시간 동안의 그의 성장, 그리고 죽음 이후 그가 조선사회에 끼친 영향을 생각할 때 조광조의 4년은 그야말로 불꽃같은 삶이었다.

그의 사상과 정책은 이후 조선 선비들의 학문과 정치의 지침이 되고, 자신의 이상 실현을 위해 그 무엇도 두려워하지 않는 조광조의 자세 역시 조선 선비들의 귀감이 된다. 50여 년이 지나 선조 때 그는 영의정에 추증되고 문묘에 배향된다. 조선의 선비들은 그가 정몽주→길재→김숙자→김종직→김굉필로 이어지는 조선 사림의 도통을 잇는다는 데 이의를 제기하지 않는다. 37년의 길지 않은 삶, 4년간의 불꽃보다 뜨거운 삶을 산 조광조는 조선 사림 정통 계보의 한 페이지를 장식한다.

조광조는 죽음을 앞두고 그의 삶을 소회하는 절명시를 남긴다.

임금을 어버이처럼 사랑하였고(愛君如愛父)

나라를 내 집처럼 근심하였네(憂國如憂家)

밝은 해 세상 굽어보니(白日臨下土)

이 내 충정 더없이 밝게 비치리(昭昭照丹衷)[3]

도학정치의 중심은 군주와 재상이다. 그중 재상은 위로는 임금을 성심성의껏 보좌하고, 아래로는 다른 신하들과 백성을 교화하는 데 온갖 노력을 다 기울여야 한다. 조광조는 마지막 죽는 순간까지 임금에게 충의를 다하고 백성의 삶을 걱정했다. 그리고 자신의 그런 충정과 진실한 마음이 임금과 백성들에게 있는 그대로 가 닿기를 바랐다.

조광조는 자신의 장례 일을 돌볼 이들에게도 당부의 말을 남긴다. "내가 죽거든 관을 얇게 만들고 두껍게 하지 말아라. 먼 길 가기 힘들다(吾死棺宜薄 毋令重厚 遠路難歸)"[4]라는 말이었다. 대의에는 겨울의 푸르디푸른 대나무같이 결연했고, 인정에는 봄날 남녘에서 불어오는 훈풍처럼 부드러웠다. 조선 선비의 표상이었다.

나 죽고 난 다음
곡도 하지 말라

06

임제(1549—1587)

백호 임제가 잠들어 있는 곳
전남 나주시 다시면 가운리 141-2

칼 퉁기며 행수대에 오르니 기운이 솟는다
초라한 벼슬자리 내 모습 쓸쓸하여라
찬 가을바다 교룡이 꿈틀대고
구름 깊은 장백산엔 호랑이 득실대네

임제 묘 입구 시빗말에서

임제는 조선 중기 사대부 세계의 이단아였다. 조선의 사대부들이 중국을 하늘처럼 떠받들고 칭송하는데 중국을 떠받들지 않았고, 조선의 사대부들이 양두구육처럼 위엄과 고고함을 밖으로 내거는데 대놓고 기생의 무덤을 찾아 그녀의 죽음을 애도했고, 조선의 사대부들이 조선 땅과 왕의 나라로 만족하는데 만주를 탐하고 황제의 나라가 되길 원했고, 조선의 사대부들이 벼슬과 녹을 찾아 분주한데 벼슬과 녹 대신 칼과 피리와 술과 방랑과 여인과 친구 그리고 시를 사랑했기 때문이다. 조선이 품지 못하고 시대가 품지 못했다. 그래서 문신이기보다도 시인, 아니 차라리 '자유로운 영혼'이었던 백호 임제는 서둘러 떠났다.

임제는 병마절도사(종2품 무관)를 지낸 임진의 장남으로 태어나 속리산에 은거한 문인인 성운 문하에서 공부를 했다. 1576년 진사 시험에 합격하고 이듬해인 1577년 28세에 알성시 문과에 급제해 벼슬길에 올랐다. 벼슬은 고산도 찰방, 흥양 현감, 서북도 병마평사, 관서도사 등 외직을 역임하다 조정으로 들어와 예조정랑과 홍문관 지제교를 겸직으로 지내던 중 사직한다. 그리고 풍류남아의 삶을 산다. 임제는 한문 소설의 창시자로 정치 현실에 대한 불만과 울분을 풍자한 《수성지》, 《화사》와 같은 작품을 쓰고, 사육신의 충절을 찬양하는 《원생몽유록》을 짓는다. 그리고 1587년 39세를 일기로 세상을 떠난다.

임제는 기인이 아니었다. '균형을 갖춘 인간'일 뿐이었다. 냉정한 이성과 뜨거운 감성을 균형적으로 갖춘, 그리고 그것을 생각과 행동 사이에 괴리를 두지 않고 말 또는 행동으로 있는 그대로 드러내는 지극히 정직한 한 인간일 뿐이었다. 기인이라면 그가 살았던 시대가 기인이고 그를 백안시했던 이들 모두가 기인이었지, 임제가 기인이 아니었다.

먼저, 임제는 조선의 지식인이자 국록을 먹는 관료였다. 조선의 지식인으로서, 백성의 안위를 책임진 관료로서 무엇을 해야 하는가를 올바르게 인식하고 있었다. 냉정한 이성을 갖춘 선비였다. 임제가 함경도 땅에서 벼슬할 때 지은 시다.

칼 퉁기며 행수대에 오르니 기운이 솟는다(彈劍登台意氣高)

초라한 벼슬자리 내 모습 쓸쓸하여라(不摩行色嘆蕭蕭)

찬 가을바다 교룡이 꿈틀대고(滄溟秋冷蛟龍蟄)

구름 깊은 장백산엔 호랑이 득실대네(長白雲深虎豹驕)

세상에 태어나 만주 땅을 못 삼키고(生世未呑氣虜國)

어느 때 다시 서울로 돌아갈 건가(幾時重到洛陽橋)

잔 비우고 말 타고 돌아서니(淸樽醉罷催歸騎)

아슬한 저 하늘엔 안개 걷히네(極目遙空瘴霧淸)

　대장부 임제의 기상과 각오가 높고 굳다. 백두산 높은 곳에 올라 저 멀리 용의 꿈틀거림으로 끝없이 이어지는 산들을 바라보며 잃어버린 고구려의 땅, 만주를 그리워하고 있다. 백두산의 호랑이처럼 당장이라도 달려가 만주를 삼키고 싶지만 마음일 뿐 그에게는 그럴 힘도 세력도 없다. 날이 갈수록 더욱 날카로워지는 당쟁과 조정의 부조리에 환멸을 느낀 그의 입장에서 만주 땅을 내려다보는 마음은 안타깝기만 하다. 조선의 선비 된 자로서 고뇌하지 않을 수 없다.

　임제는 신분사회에서의 양반, 선비 또는 관료이기 이전에 한 명의 평범한 인간이었다. 그는 자신이 한 명의 평범한 인간이라는 것을 부정하지 않았다. 그리고 평범한 인간으로서 인지상정이 가리키는 대로 행동했다. 가슴이 명령하는 뜨거운 감성을 거부하지 않았다. 1583년 임제는 서북도 평사로 발령을 받아 임지를 향하던 중 황진이의 무덤을 찾는다. 그녀의 죽음을 기리기 위해서였다. 지체 높은 양반이, 조선의 지고지순해야 할 관료가 일개 기생의 무덤을 애써 찾은 것이다. 그리고 그녀를 애도하는 시를 지어 올렸다. 만시(挽詩)다.

청초(靑草) 우거진 골에 자난다 누었난다

홍안(紅顔)은 어디 두고 백골만 묻혔난다

잔(盞) 잡아 권할 이 없으니 그를 슬허하노라

조정대신들이 들고 일어났다. 조선의 사대부가 천한 기생의 무덤을 찾아 애도를 해 사대부의 체통을 손상시켰다는 이유에서였다. 첩이 상식이고 관기가 일상이었던 조선의 사대부들에게 높은 정신세계를 지녔던 한 여인의 죽음을 애도할 일말의 여유는 없었다. 그리고 그런 애도를 용인할 도량도 없었다. 마음껏 성을 즐기고 어둠 속에서의 위선은 넘쳐났지만, 인간을 인간으로 대하고 한 세상을 풍미했던 여인을 위해 밝음 속에서 시를 바칠 그럴 용기는 없었다. '수줍어서 말 못하고(無語別)'라는 중국에까지 알려진 임제의 시다.

열다섯 살 아리따운 아가씨(十五越溪女)

수줍어서 말 못하고 이별이러니(羞人無語別)

돌아와 겹문을 꼭꼭 닫고선(歸來掩重門)

배꽃 사이 달을 보며 눈물 흘리네(泣向梨花月)

가슴이 저릴 정도로 마음이 아프다. 인간에 대한 뜨거운 애정 없이는 나올 수 없는 시다.

임제는 서른아홉 해의 짧은 생을 마치면서 자식들에게 "사방팔방 오랑캐들이 저마다 황제국을 칭하고 나서는데 유독 조선만이 중국을 주인으로 받들어 모시니, 내가 살면 뭐하고 죽으면 또 뭐하겠느냐, 나 죽고 난 다음 곡도 하지 말라(四夷八蠻 皆呼稱帝 唯獨朝鮮 入主中國 我生何爲 我死何爲 勿哭)"라는 말을 남긴다. 임제는 이 땅의 사대부이자 관료였다. 이 땅의 귀족 된 자로서 모든 나라가 황제의 나라를 칭하고 나서는데 오직 조선만이 왕의 나라 그대로 머물러 있는 것을 심히 부끄럽게 생각했다. 살아서도 부끄럽고 죽어서도 부끄러웠다. 그래서 자기 죽어서도 곡을 하지 말라 했다. 한 사회 귀족계급의 일원으로서 책임감이자 양심이자 자존심이었다. 임제는 선비였다.

한 기녀의 죽음을 애도하고 열다섯 살 아가씨의 가슴 아린 이별을 섬세하게 헤아렸던 시인, 백두산 호랑이의 기백으로 만주 벌판을 달리면서 황제의 나라를 이룰 것을 꿈꾸었던 사대부, 그 둘은 둘이 아닌 하나였다. 임제였다. 굴레에 조종되지 않고 위선의 가면을 온몸으로 거부한, 감성과 이성이 균형을 이룬 '이상적인 인간' 임제였다.

하늘이 진실하다고
여기지 않는다면
불질러버려도
좋다

07

정약용(1762–1836)

다산 정약용이 잠들어 있는 곳
경기도 남양주시 조안면 능내리 산75–1번지

네가 너의 선행을 기록한 것이

여러 장에 이르는구나

네가 감춘 너의 잘못 모두 옮겨 쓰면

책 한 권으로도 부족하리라

정약용의 《자찬묘지명》에서

정약용은 이수광·유형원으로부터 시작해 이익으로 이어지는 조선 후기의 실학을 집대성한 인물이자 조선 후기 개혁사상가다. 정치와 경제 등 사회 모든 분야에 걸쳐 개혁을 주장하고 그 대안을 제시한 인물이다. 유배지에서의 18년, 고향으로 돌아와 세상을 뜨기까지의 18년, 합해 36년의 시간을 연구와 저술에 몰두해 500여 권의 방대한 저술을 남겼다. 조선 후기의 대표적 지성이자 학자 그리고 경세가의 표본이다.

정약용은 부친으로부터 학문을 배우면서 과거를 준비하다 14세인 1776년 이익(1681-1763)의 학문을 접하고 감동을 받는다. 1783년 진사시에 합격하고 1784년 정조의 부름으로 경연에서 《중용》을 강의하며, 같은 해 처음으로 천주교를 접한다. 정약용은 1789년 식년문과 갑과에 급제해 1790년 역사 기록과 왕명 대필을 담당하는 예문관 검열을 지내던 중 천주교인으로 몰려 유배되었다가 10일 만에 복직한다.

복직 후 사간원 정언 등 여러 직책을 거쳐 병조참의로 있던 1795년 주문모 신부 사건에 연루되어 외직으로 좌천된다. 같은 해 조정으로 다시 돌아온 정약용은 1797년 모함을 받자 사의를 표명했다 곡산부사로 나가게 되고 이때 홍역 관련 의학서인《마과회통》12권을 편찬한다. 1799년 형조참의를 지내던 중 정약용은 다시 모함을 받아 사직하고 낙향했다 왕명을 받들어 조정으로 돌아온다.

그리고 1800년 정약용을 아끼던 정조가 죽자, 이듬해 1801년 천주교도 박해 사건인 신유사옥 때 경상도 장기로 유배된다. 그리고 같은 해 10월 황사영 백서 사건에 연루되어 다시 전라도 강진으로 이배된다. 정약용은 이곳 강진에서 유배가 끝나는 1818년까지 학문에 몰두해《다산문답》,《아방강역고》,《경세유표》,《목민심서》등 99권의 책을 저술한다. 그리고 1818년 유배에서 풀려나 고향 남양주로 돌아와《흠흠신서》,《아언각비》등 저술에 힘쓰다 1836년 세상을 떠난다.

정약용의 삶은 삼위일체, 즉 3개의 키워드가 정약용이라는 한 인간의 삶으로 드러난다. 3개의 키워드는 '천주교', '귀양(또는 좌천)' 그리고 '저술'이다. 정약용은 1790년, 1795년, 1797년, 1799년, 1801년 2회 모두 6차례 귀양 또는 좌천을 당한다. 그리고 그 귀양 또는 좌천에는 언제나 '천주교도'라는 주홍글씨 새기기가 작용한다. 1797년 정약용은 자신의 입장을 해명하는 '자명소'를 통해 자신이 천주교 신부와 신자를 만난 것은 그들로부터 서학, 즉 서양의 학문인 과학적 지식을 얻기 위한 것이지 천주교에 관심이 있어서 그런 것이 아니라는 것을 밝힌다. 정약용의 행적이나 방대한 저술에서 천주교의 '믿음'과 관련된 특별한 내용을 찾아볼 수 없는 것은 그의 해명이 진실하다는 것을 보여준다.

그런데 정약용의 삶에 귀양이나 좌천이 없었다면, 곧 정약용의 정적들이 정약용을 천주교도로 모는 그런 모함이 없었다면 우리는 오늘날 우리가 알고 있는 그 정약용을 만나볼 수가 없었다. 정약용의 학문적 연구 활동과 저술이 이 귀양 또는 좌천 때부터 이루어진 것들이기 때문이다. 정약용은 1795년 좌천 때 성호 이익의 유고를 정리하고, 1797년 좌천 때 첫 저술인《마과회통》을 펴내고 그리고 1801년 강진으로 유배를 가면서 이때부터 본격적인 연구와 저술 활동에 들어갔다. 귀양과 좌천이 정약용 개인에게는 고난의 시간이었지만 후학과 이 땅의 후손들에게는 축복이었다.

천주교와 귀양(또는 좌천) 그리고 방대한 저술이 정약용이라는 한 인간의 삶으로 모아지는 삼위일체라면, 그 삼위가 일체로 묶일 수 있었던 배경에는 또 다른 우연이 작용한다. 바로 두 차례의 장서가와의 만남이다. 정약용은 어릴 때 외할아버지인 윤두서의 집을 자주 찾았다. 그것은 바로 장서 때문이었다. 유명한 문인이자 화가였던 윤두서는 장서가 많기로 유명했다. 훗날 정약용의 학자로서의 소질이 바로 이때의 독서를 통해 싹텄다고 할 수 있다. 두 번째 만남은 강진에서의 윤박이라는 사람과의 만남이었다. 윤박은 1천여 권의 장서를 소유한 애서가였다. 정약용은 강진에서의 유배생활 7년째가 되는 1808년 윤박의 별장으로 거처를 옮기고 그곳을 '다산초당'이라 이름 짓는다.[1] 그리고 윤박의 장서를 마음껏 활용한다. 다산초당이 정약용 학문의 산실이 된 배경이다.

윤두서의 장서가 정약용이 학자로 성장하는 데 씨앗 역할을 했다면, 윤박의 장서는 정약용이 사상가이자 개혁가로 활짝 꽃 피우는 데 거름과 재료 역할을 했다. 두 차례 장서가와의 만남이 없었다면 '천주교'와 '귀양'은 '저술'로 연결되기 어려울 수 있었다. 지금의 정약용을 우리가 만나보지 못할 수도 있었다.

정약용은 1822년 회갑을 맞아 자서전이라 할 수 있는 《자찬 묘지명》을 쓴다. 그 맺음말이다.

네가 너의 선행을 기록한 것이(爾紀爾善)
여러 장에 이르는구나(至於累牘)
네가 감춘 너의 잘못 모두 옮겨 쓰면(紀爾隱慝)
책 한 권으로도 부족하리라(將無罄竹)

네가 말하기를(爾曰予知)
'나는 사서육경을 모두 알고 있다' 하지만(書四經六)
네가 한 행동을 돌이켜보면(考厥攸行)
어찌 부끄럽지 않을 수 있으랴(能不愧忸)

너는 명예를 얻고 싶겠지만(爾則延譽)

찬양할 만한 것이 아무것도 없다(而罔贊揚)

그 무엇이든 행동으로 옮길 때에야(盡以身證)

비로소 드러나고 빛나지 않겠느냐(以顯以章)

소란 피우기를 이제 그만두고(斂爾紛紜)

흥분해서 날뛰는 것도 멈추어라(戢爾猖狂)

애써 일을 밝히는 데 힘쓰면(俛焉昭事)

마침내 기뻐할 일 있으리니(乃終有慶)[2]

　자신의 삶에 대한 반성이자 겸양이다. 그러나 반성과 겸양 정
도이지 지나온 삶에 대한 회한 같은 것은 그리 느껴지지 않는다.
관리로서 12년, 유배지에서 18년, 향리 은거 중인 18년의 삶이 그
리 불만족스럽지는 않았다는 느낌이다. 사는 동안 생각하고, 그
생각을 정리하고 그리고 정리된 내용을 글로 풀어내는 데 시간
과 에너지를 쓰는 일이 쉼 없이 정신에 채찍질을 가해야 하는 고
통은 있지만 그에 따른 의미는 작지 않다.

　정약용은《자찬묘지명》을 앞의 내용으로 마무리하기에 바로
앞서 '하늘이 진실하다고 여기지 않는다면 불질러버려도 좋다(若
天命不允 雖一炬以焚之可也)[3]'라고 쓴다. 스스로를 속이지 않고 치열
하게 자신의 삶을 만들어온 사람이 아니라면 자신의 삶을 당당
하게 있는 그대로 드러낼 수 없다. 사실, 그런 삶이 만족스럽지
않을 리 없다.

일본과
타협하려는 자나
기생하려는 자나
다 우리의 적임을
선언하노라

08

신채호(1880–1936)

단재 신채호가 잠들어 있는 곳
충북 청주시 상당구 낭성면 귀래길 249

역사는 아(我)와 비아(非我)의 투쟁이 시간적으로 전개되고 공간적
으로 펼쳐지는 정신적 활동 상태에 관한 기록이다.

신채호의 《조선상고사》에서

　　우리나라에서 현존하는 가장 오래된 역사서
는 1145년 김부식이 쓴 《삼국사기》다. 그리고 그 다음 오래된 것
이 1281년 일연이 쓴 《삼국유사》다. 역사를 배우는 학생들은 의
아하다. 반만년의 찬란한 역사라 하는데 기록의 역사가 900년도
안 된다니. 중국의 《사기》가 기원전, 《춘추》는 그보다도 몇백 년
을 더 거슬러 올라가 쓰였고, 하다못해 일본의 《고사기》, 《일본
서기》도 712년, 720년에 쓰였는데. 중국은 그렇다 치고 근대 이
전까지 우리와 중국으로부터 문물을 가져간 일본보다도 400년
늦다니 참으로 이해하기 어렵다. 학생 때 누구나 한번쯤 품었던
이 의문을 본격적으로 깊이 파고들었던 이가 단재 신채호다. 물
론 신채호는 역사학자이자 동시에 독립운동가이다. 또한 언론인
이다.

　신채호는 조부로부터 한학을 배우고 17세에 성균관에 들어가
1905년 성균관 박사가 되었다. 1905년 을사늑약이 체결되자 신
채호는 관직으로 나갈 뜻을 버리고 황성신문사에 들어간다. 같
은 해 〈황성신문〉이 무기 정간되자 〈대한매일신보〉 주필로 자리

를 옮겨 민중계몽과 항일언론운동을 전개하며, 특히 역사관계 논설과 번역, 저술을 통해 민족의식 고취에 힘쓴다.

1907년 신민회 조직 및 국채보상운동에 참여하고 1909년 신민회 산하의 청년학우회를 발기한 신채호는 1910년 한일합병이 일어나자 신민회 동지들과 협의 후 독립운동 전개를 위해 해외로 망명한다. 청도, 블라디보스토크, 상해, 봉천, 북경 등지에서 신채호는 광복회 조직, 〈권업신문〉(1912년 러시아 블라디보스토크에서 발행된 한인신문) 주필, 동제사(중국 상해에서 신규식 등이 국권회복운동을 위해 조직한 단체) 참여, 박달학원 설립, 동창학교 교사, 광개토대왕릉 답사, 《조선사》 집필, 〈북경일보〉 논설 기고, 대한독립청년단 단장 등 다양한 활동을 이어간다.

1919년 4월 신채호는 상해임시정부 수립에 참여하고 같은 해 7월 전원위원회 위원장과 의정원 의원에 선출되나 이승만의 미국위임통치 노선에 반대해 사임한다. 1922년 신채호는 상해에서 열린 국민대표회의에서 상해임시정부의 해체와 새로운 임시정부 수립을 주장하다 실패한 뒤 한국고대사연구에 전념하면서 〈동아일보〉·〈조선일보〉를 통해 평론·논문을 발표하고, 1923년에는 의열단 김원봉의 요청으로 《조선혁명선언》을 집필한다. 1925년 독립운동의 방편으로 무정부주의에 관심을 갖기 시작한 신채호는 1928년 무정부주의 활동과 관련된 위폐사건[1]에 연루되어 일경에 체포된다. 그리고 10년형을 받고 여순 감옥에서 복역하던 중 1936년 뇌일혈로 순국한다.

신채호는 역사학자다. 그는 이 나라에 제대로 된 조선사가 남아 있지 않다고 보았다. 그리고 그렇게 만든 핵심 원인 제공자로 《삼국사기》의 저자 김부식(1075-1151)을 지목했다. 김부식은 묘청의 난 진압을 계기로 고려 조정의 실세가 된 인물이다. 한반도는 이 땅에 역사를 시작한 이래 중국과 대등했다. 부여와 고구려의 터전이 만주였고, 신라 삼국통일 후 잠시 대동강 이남으로 영역이 축소되었으나 곧 고구려의 후예인 발해가 등장해 남북국 시대를 이루었고, 1107년 고려 예종 때는 윤관이 만주의 여진을 공격해 9성을 설치하는 등 중국과 밀고 밀리는 관계였다.

그러던 우리 역사가 김부식의 부상을 계기로 사대관계로 바뀌었다. 칭제건원론(稱帝建元論)을 주장하는 묘청의 독립주의가 중국을 상전으로 모셔야 한다는 김부식의 사대주의에 패배하면서부터다. 이때부터 우리 역사는 더 이상 우리의 독자적 역사가 아닌 중국의 변두리 역사로 전락했다. 바로 그 역사적 사건이 독립당과 사대당의 대결이었던 1135년 묘청의 난 진압이었고, 그 사대주의 정신의 정형화 시도가 바로 김부식의 《삼국사기》였다.[2]

신채호는 '김부식이 공구(孔丘) 《춘추》의 존화양이(尊華攘夷)를 배워 왕왕 중국을 위하여 조선을 양(攘)한 것이 많아 이십사사(二十四史)의 동이열전(東夷列傳)과 다름없으니, 조선사라 할 가치가 전무하니라'[3]라고 말한다. 김부식이 중국을 떠받들고 우리를 폄하하는 중국의 입장에서 쓴 책이 바로 《삼국사기》이니, 그것은 중화사상에 입각해 중국인이 쓴 한 오랑캐의 역사나 다름없어

하등 우리의 역사라 할 것이 없다는 이야기다. 물론 신채호는 자신의 주장을 뒷받침할 김부식의 '이두문 배척에 따른 왜곡', '중국 입장에서 달가워할 리 없는 연개소문 관련 내용 왜곡', 마찬가지로 '중국이 좋아할 리 없는 광개토대왕 관련 내용 왜곡'[4]과 같은 여러 증거들을 제시한다.

이후 우리의 역사 서술은 조선 후기에 이르기까지 김부식의 후예인 사대주의자들에 의해 독점된다. 한국사는 있었지만 그것은 이 땅의 자주적이고 주체적인 한국사가 아닌 중국 시각에서 본 오랑캐 나라의 역사였을 뿐이다. 신채호는 이런 김부식에 대한 비판을 자신의 합리적 역사관에 근거해 전개한다. 바로 '역사는 아(我)와 비아(非我)의 투쟁이 시간적으로 전개되고 공간적으로 펼쳐지는 정신적 활동 상태에 관한 기록이다'[5]라는 역사 정의에 따른, '인간', '시간', '공간'의 3가지 역사 구성요소[6]를 통해서다.

삼국시대의 《선사》나 《화랑세기》와 같은 책들이 이름만 남아 있을 뿐 실체는 만나볼 수 없게 된 원인도 신채호는 전쟁의 병화보다 김부식의 사대주의에서 찾는다.[7] 김부식이 《삼국사기》를 편찬한 뒤 역사서로서의 가치를 독점하고 자신의 명예를 높이기 위해 저술에 참고했던 《책부원귀》 등 일체의 문헌들을 궁중 깊은 곳에 감춰 사람들이 접근할 수 없도록 했다[8]는 것이다. 조선 중엽 이전까지 《동국통감》, 《고려사》 등 관찬 서적 몇 권을 제외하고 개인은 역사서를 소장할 수 없었다. 또 개인이 역사서를 저술하는 것도 허락되지 않았다. 실학자 이수광이 규장각에 들어간 뒤에야 고려 이전의 비사를 볼 수 있었고[9], 성리학자 이 언적은 자신이 쓴《사벌국전》이라는 역사서를 은밀히 보관하고 있다 크게 화를 당할 뻔한 일도 있었다.[10] 책이 읽히기 위한 것 이 아닌 사람들의 눈으로부터 격리시켜야 할 위험물이 되어, 궁 궐 저 깊은 곳에서 먼지를 둘러쓰고 있다 몽고 침입, 임진왜란을 만나고 급기야 일제의 문화 수탈을 만나게 되고 만 것이다. 책이 많은 사람들에게 읽히고 필사되고 또 저술이 자유로웠다면 외침 아니라 그 어떤 일이 발생했더라도 어디엔가는 살아남아 있었을 텐데 그러지를 못했다.

신채호는 독립운동가다. 그의 역사 연구와 언론 활동의 당장 목표는 당연히 조선의 독립이었다. 신채호는 1923년 의열단 김 원봉의 요청으로 일제 타도를 위한 '조선혁명선언'을 쓴다. '강도 일본이 우리의 국호를 없이 하며, 우리의 정권을 빼앗으며, 우리 생존의 필요조건을 다 박탈하였다'로 시작된 선언문은 '딸깍발 이 등쌀에 우리 민족은 발 디딜 땅이 없어 산으로 물로, 서간도 로 북간도로, 시베리아의 황야로 몰리어 가 배고픈 귀신이 아니 면 정처 없이 떠돌아다니는 귀신이 될 뿐이다', '우리는 우리의 생 존의 적인 강도 일본과 타협하려는 자나 강도정치 하에서 기생 하려는 주의를 가진 자나 다 우리의 적임을 선언하노라'와 같은 내용을 거쳐 마지막을 '우리는 민중 속에 가서 민중과 손을 잡 고 부절하는 폭력-암살·파괴·폭동으로써, 강도 일본의 통치를 타도하고, 우리 생활에 불합리한 일체 제도를 개조하여, 인류로써 인류를 압박치 못하며, 사회로써 사회를 수탈하지 못하는 이상적 조선을 건설할지니라'[11]라고 맺는다. 이 땅을 사랑하고 이 땅에 사는 사람들 그리고 앞으로 이 땅에서 살아갈 사람들을 사랑한 한 인간의 뜨거운 혼이 깃들어 있다.

신채호는 1936년 2월 21일 여순 감옥에서 뇌일혈로 세상을 떠난다. 유언은 없었다.[12] 수감 중 신문에 연재하며 통렬하게 조선역사의 사대주의를 비판한 《조선상고사》가 유언이고, 온 민중이 폭력으로 일본에 맞설 것을 피를 토하는 심정으로 일필휘지했던 그 '조선혁명선언'이 유언이 되었다.

녹두꽃이
떨어지면
청포장수
울고 간다

09

전봉준(1855–1895)

전봉준이 잠들어 있는 곳(가묘)
전북 정읍시 이평면 창동리 산10–3

　　전봉준은 1895년 3월 30일 새벽 2시 서울의 무
악재 아래서 교수형에 처해진다. 전봉준이 죽자 그를 떠나보낸
이 땅의 민중들은 오랫동안 노래로 그의 넋을 위로했다.

새야 새야 파랑새야

녹두밭에 앉지 마라

녹두꽃이 떨어지면

청포장수 울고 간다

　　노래 〈파랑새〉다. 민중은 그를 녹두장군이라 불렀다. 5척 단
신으로 키가 작아 그의 별명이 녹두였기 때문이다. 이 노래에 대
한 유력한 해석은, 먼저 파랑새는 푸른 군복을 입은 일본군을 의
미한다. 녹두꽃은 녹두장군 전봉준이다. 그리고 청포(淸泡)는 '녹
두로 쑨 묵'으로, 청포장수는 우리나라 민중을 의미한다.[1] 파랑
새가 기어코 녹두꽃을 떨어트리고야 말았다. 침략자 일본군의
손에 민중의 꽃 전봉준이 죽고 말았다. 그 어디 하나 기댈 곳 없
는 19세기 말 이 땅의 민중은 황망하다.

　　전봉준은 전북 고창에서 학문이 어느 정도 있고 성품이 강직

한 전창혁의 아들로 태어났다. 동학농민운동을 시작하기 전 전봉준은 3마지기의 전답을 부치면서 서당 훈장 일로 가족의 생계를 근근이 유지하는 가난한 선비였다. 이런 선비 전봉준의 삶이 녹두장군 전봉준으로 바뀌게 된 데에는 계기가 있었다. 바로 동학, 아버지 전창혁의 억울한 죽음 그리고 고부군수 조병갑의 탐학 세 사건이었다.

삼정의 문란이 민중의 숨통을 조여오던 조선 말, 전봉준은 숨 쉴 구멍을 찾아 동학에 관심을 둔다. 이 무렵 아버지 전창혁이 옳은 소리를 하다 괘씸죄에 걸려 고부군수 조병갑에게 끌려가 매를 맞고 죽는다. 그리고 같은 시기 조병갑의 탐학에 백성들의 원성이 극에 달한다. 전봉준은 대표를 선발해 그들과 함께 두 차례나 관아를 찾아 폐정의 시정을 요구한다. 조병갑은 콧방귀도 뀌지 않는다. 전봉준은 사발통문(沙鉢通文)을 돌린다. 그리고 보국안민(輔國安民)을 기치로 탐관오리 응징에 나선다.

1894년 갑오년 전봉준의 동학농민운동은 세 차례로 진행된다. 바로 1월의 고부 봉기, 3월부터 5월까지의 전주감영 점령 싸움 그리고 마지막 세 번째인 9월부터 11월까지의 관군·일본군·보부상 등으로 이루어진 조정 연합군과의 공주 우금치 싸움이다.

1월의 고부 관아 공격은 조병갑의 탐학에 대한 고부 백성들의 봉기였다. 조병갑은 만경평야를 품은 고부의 군수로 부임하자 치부에 나선다. 백성의 노동력을 무상으로 강제 동원해 기존의

보(洑) 밑에 불필요한 보를 새로 만들어 사용료를 강제 징수하고, 미개간지 개간 시 그 수확물에 대한 면세를 약속해놓고 추수기에 갑자기 세금을 부과하고, 자신의 아버지 조규순의 공적비를 세우기 위해 백성들로부터 돈을 강탈하는 등 온갖 명분과 핑계로 백성을 수탈한다. 고부 봉기는 전봉준 농민군의 승리로 끝난다. 조정은 조병갑을 잡아들이고 민심 위무에 나선다.

3월 두 번째 싸움의 발단은 이용태라는 인물이었다. 조정에서 고부 봉기 수습 지시를 받고 내려온 안핵사 이용태는 공명심과 탐욕에 빠져 동학을 조정의 적으로 몰아세웠다. 고부 봉기에 참가한 농민들 중 동학교도가 포함되어 있다는 것을 알고 고부 봉기를 동학의 반정부 투쟁으로 몰아 동학교도 탄압에 나선 것이다. 전봉준은 다시 거병한다. 그리고 이번에는 동학의 중심인물인 포주 손화중과 김개남이 함께 일어선다. 앞서의 고부 봉기가 삼정의 문란에 대한 백성들의 반발이었다면, 이번 싸움은 동학 탄압에 대한 저항 전쟁이었다. 3월 21일 무장의 당산마을에 1만 명 이상 집결한 전봉준의 동학농민군은 부안을 거쳐 전주로 향하던 중 황토현에서 관군을 대파한다. 그리고 정읍, 무장, 영광, 나주, 장성 등 전라도 주요 지역을 확보한 다음 4월 27일 마침내 전주성을 빼앗는다. 조정의 긴급 원군 요청으로 청과 일본의 군대가 서해로 상륙하고, 양호초토사 홍계훈은 화의를 제안한다. 외세의 개입을 염려한 전봉준은 화의에 나서고, 전봉준이 제시한 폐정개혁안을 홍계훈이 받아들이면서 전주화약이 성립된다.

9월, 전봉준은 조정이 약속한 폐정개혁안이 제대로 실현되지 않고 일본의 침략이 노골화되자 항일구국의 기치 아래 다시 거병에 나선다. 이번에는 충북 보은을 거점으로 하는 북접의 손병희 동학군과 함께하는 거병이었다. 그러나 전봉준은 최신식 무기와 화력을 앞세운 관군·일본군 연합군에 패배를 거듭하다 공주의 우금치 전투에서 결정적으로 대패하고 만다. 다른 농민군들도 전북 금구에서 연합군에게 진압된다. 재기를 노리고 순창으로 몸을 피한 전봉준은 과거 부하였던 김경천의 밀고로 체포되어 일본군의 손으로 넘어간다.

1894년 세 차례에 걸쳐 이루어진 동학농민운동의 주축은 형식적으로나 실질적으로나 전봉준이었다. 첫 번째의 고부 관아 공격 전 사발통문의 서명자 20명에 동학의 교주인 최시형이나 동학 핵심 리더인 포주 송화중, 김개남의 이름은 없었다. 고부 봉기는 전봉준이 시작하고 전봉준이 마무리한 싸움이었다. 두 번째 전주감영 점령 싸움에서는 손화중과 김개남이 함께하지만 마지막 전주성 공략에 김개남은 참전하지 않았다. 그리고 세 번째 싸움에서는, 교주 최시형은 당초 거병을 극렬 반대했다. 그러다 동학도의 피해가 커지자 보국안민을 주창하는 자신들의 입장과도 어울리지 않아 10월에야 참전에 나선다. 1894년 전봉준이 주도한 민중항쟁을 동학농민운동, 동학농민봉기로 부르기도 하고 또 갑오농민혁명, 갑오농민전쟁으로 부르기도 하는 이유다.

1894년 조선에서 일어난 민중항쟁 그 중심에 녹두장군 전봉준이 있었다.

1894년 1월 고부 관아를 점령한 첫 번째 민중항쟁이 끝나고 전봉준은 이 땅의 백성과 방백(도지사)들에게 '격문'을 띄운다.

> 우리가 의(義)를 들어 여기에 이르렀음은 그 본의가 결코 다른 데 있지 아니하고 창생을 도탄 중에서 건지고 국가를 반석 위에다 두자 함이다. 안으로는 탐관오리를 몰아내고 밖으로는 횡포한 강적의 무리를 구축하자 함이라. 양반과 부호의 앞에 고통받는 민중들과 방백과 수령 밑에 굴욕을 받는 소리(小吏)들은 우리와 같이 원한이 깊은 자다. 조금도 주저하지 말고 이 시각으로 일어서라. 만일 기회를 잃으면 후회를 하여도 미치지 못하리라. -호남창의대장

19세기 말 창의대장 전봉준의 앞에는 적이 둘 있었다. 먼저는 제국주의의 외세이고, 다음은 민중을 억압하고 수탈하는 이 땅의 봉건지배체제였다. 전봉준의 혁명은 앞선 100년 전의 프랑스혁명에는 이르지 못했다. 당장 발등의 불인 제국주의의 외세를 막아내는 것이 급선무였기 때문이다. 그런 만큼 전봉준의 혁명은 시대적 한계를 지닐 수밖에 없다. 그러나 민중과 그 민중이 몸 붙이고 사는 이 땅을 아끼는 마음에서만은 그 어디에도 뒤지지 않았다. 민중을 나라의 근본에 두려는 전봉준의 혁명이 일찍이 있었다. 그리고 그 정신을 잇는 3·1 운동, 4·19 의거, 5·18 광

주민주화운동, 6월항쟁 그리고 촛불항쟁이 있었다. 전봉준은 이 땅 민중항쟁의 기수였다.

옳은 일이기에,
또 아니하고서는
안 될 일이기에
목숨을 걸고
싸웠지 아니하냐

10

조봉암(1899–1959)

조봉암이 잠들어 있는 곳
서울시 중랑구 망우로 570 망우리공원묘지(묘지번호204717)

우리가 못한 일을 우리가 알지 못하는 후배들이 해나갈 것이네.
결국 어느 땐가 평화통일의 날이 올 것이고 국민이 고루 잘사는
날이 올 것이네. 나는 씨만 뿌리고 가네.

조봉암의 옥중 유언에서

우리는 '통일' 하면 당연히 '평화통일'을 머리에
떠올린다. 귀에 익고 입에 붙은 말이 '평화통일'이고, 헌법에도 전
문에 '평화적 통일', 제4조에는 '대한민국은 통일을 지향하며, 자
유민주적 기본질서에 입각한 평화적 통일 정책을 수립하고 이를
추진한다'라고 쓰여 있기 때문이다.

그러나 당연한 것이 당연한 것은 아니다. '평화통일'이라는 말
이 헌법에 처음 들어간 것은 1972년 유신헌법 개헌 때였다. '통일
주체국민회의'라는 비민주적 기구를 만들면서 그것의 목적과 그
에 따른 대통령의 의무를 설명하기 위한 내용에서였다. 헌법의
전문과 제4조에 '평화통일'이 명시된 것은 1987년 10차 개헌 때
였다. 이 나라 정치사에서 일찍이 '평화통일' 주장으로 자신의 죽
음을 재촉한 정치인이 있었다. 1956년 진보당을 창당한 죽산 조
봉암이다. 조봉암은 이승만의 '무력 북진통일'이 종교처럼 신성
시되던 때 절대 금기이자 이단인 '평화통일'을 주장했다. 그리고
독재정권에 의한 최초 사법살인 희생자가 되었다.

조봉암은 경기도 강화에서 태어나 강화공립보통학교와 농업

보습학교를 졸업했다. 졸업 후 강화군청 사환 등을 거쳐 대서소 대서보조업자로 일하던 중 3·1 운동을 만나 '독립선언서' 배포 활동으로 6개월간 옥살이를 했다. 1920년 서울의 YMCA중학부를 다니다 일본의 세이소쿠 영어학교로 유학해, 재학 중 아나키스트 모임인 흑도회를 만들었다. 1921년 12월 주오대학 정치경제학과에 입학한 조봉암은 10개월이 지난 1922년 8월 조국해방투쟁의 실천적 참여를 위해 대학을 중퇴하고 귀국했다.

1922년 11월 베르흐네우딘스크 한인 공산주의자 연합대회에 국내대표단으로 참석한 뒤 곧바로 모스크바동방노력자공산대학에 입학한 조봉암은 1923년 8월 귀국 후 본격적인 항일독립을 위한 공산주의 활동에 나섰다. 1924년 신흥청년동맹을 조직하고 1925년에는 제1차 조선공산당과 제1차 고려공산청년회를 결성했다. 1926년 검거를 피해 상해로 활동 거점을 옮긴 조봉암은 같은 해 조선공산당 만주총국 조직, 1927년 민족주의 독립운동가들과의 한국유일독립당 상해촉성회 결성, 1929년 유호한국독립운동자동맹 조직 주도 등의 활동을 했다. 1931년 〈혁명의 벗〉 발간, 같은 해 상해한인반제동맹 창립, 1932년 〈적기〉 발간 등의 항일 활동을 지속하다 1932년 일경에 체포되었다. 1939년 7년간의 옥살이를 끝내고 인천으로 온 조봉암은 1945년 1월 다시 일경에 체포되며 조국 광복을 감옥에서 맞았다.

광복 이후 조봉암은 1946년 6월 공산주의와 결별하고 중도노선을 선언했다. 1948년 제헌국회 의원이 된 조봉암은 이승만

정권의 초대 농림부장관에 임명되어 농지개혁을 추진하고, 1950년 2대 국회의원에 당선되어 국회부의장 자리에 올랐다. 1952년, 1956년 연이어 대통령선거에 출마해 이승만에게 패한 조봉암은 1956년 11월 진보당을 창당해 당위원장에 추대되면서 '평화통일'을 내세웠다. 1958년 1월 조봉암은 이승만 정권에 의해 간첩죄 및 국가보안법 위반 혐의로 체포되어 1959년 2월 대법원에서 사형을 선고받고 같은 해 7월 사형에 처해졌다. 조봉암이 죽은 지 48년이 지난 2007년 정부의 '진실·화해를 위한 과거사정리위원회'는 조봉암 관련 사건을 이승만 정권의 반인권적 정치탄압으로 규정하고, 2011년 1월 20일 대법원은 조봉암의 국가변란과 간첩 혐의에 대해 무죄를 선고했다.

조봉암은 공산주의자였다. 그것도 정통파 공산주의자였다. 일본과 소련에서의 유학을 통해 무장된 이론, 제1차 조선공산당과 고려공산청년회 등의 결성을 통한 실천적 행동 그리고 공산주의의 종가인 소련 코민테른과의 개인 네트워크 확보 등 명실상부 조선을 대표하는 공산주의자였다. 물론 그가 공산주의를 택한 것은 조국의 항일투쟁과 독립을 위해서였다. 공산주의 혁명만이 조국의 독립은 물론, 자유롭고 평화로운 그리고 착취 없는 민중의 삶을 보장하는 길이라고 생각했기 때문이었다.

공산주의자 조봉암은 1946년 6월 공개적으로 전향을 한다. 폭력적 혁명을 통한 공산주의를 부정하고 중도인 사회민주주의를 선택했다. 광복한 조국에 공산주의보다 더 중요한 것은 조국 건설이고, 그 조국 건설이 지향해나가야 할 방향은 복지국가인 유럽식 사회민주주의여야 된다는 것이 그의 현실에 바탕한 새로운 확신이었다. 조봉암의 공산주의에서 중도로의 전향은 사실 일찍부터 어느 정도는 예정되어 있었다. 1925년 11월 1차 조선공산당과 고려공산청년회 조직이 일제에 의해 와해된 이후 그가 추진한 한국유일독립당 상해촉성회와 유호한국독립운동자동맹 결성이 다름 아닌 민족주의 독립운동가들과의 협력 도모이자 상호 인정이었고, 상해한인반제동맹의 '반제'는 일본 제국주의에 대한 반대뿐만이 아니라 소련 제국주의에 대한 반대도 포함된 것이었기 때문이다.

조봉암은 공산주의에서 중도로 전향만 한 것이 아니었다. 근본적으로 남한의 공산화를 막고 자본주의를 지켜내는 역할도 했다. 인간에게 굶어 죽는 것보다 더한 고통은 없다. 굶어 죽을 상황에 처한다면 인간은 그 어떤 일도 한다. 사회 대다수가 극한 빈곤에 빠질 때 수학 공식처럼 반드시 민중혁명이 뒤따르는 이유다. 조봉암은 대한민국 초대 농림부장관이었다. 재직 6개월 동안 그가 한 것이 바로 농지개혁이었다. 경자유전 원칙에 따라 유상몰수 유상분배와 무상몰수 무상분배를 절묘하게 섞는 방식[1]으로 농민들이 어느 정도 고루 자기 토지를 소유할 수 있도록 했다. 지켜야 할 자신의 재산이 있는 상황에서 세상의 질서가 뒤집어지기를 바라는 이는 없다. 남한이 공산화를 막고 자본주의를 지킬 수 있었던 근본 핵심 배경 중 하나다.

조봉암은 사형을 앞두고 마지막으로 "우리가 못한 일을 우리가 알지 못하는 후배들이 해나갈 것이네. 결국 어느 땐가 평화통일의 날이 올 것이고 국민이 고루 잘사는 날이 올 것이네. 나는 씨만 뿌리고 가네"[2]라는 말을 남긴다. 조봉암이 가고 난 뒤 금기이자 이단이었던 '평화통일'은 언제부터인가 남북 가릴 것 없이 통일 방식의 보편이자 정통이 되었다. 이승만의 독재적 권위주의를 청어람(靑於藍)으로 물려받은 보수 군사정권이 앞장서 '평화통일'을 헌법에 담았다. 목적이야 어떻든 '평화통일'이 민족통일 방식의 현실적 정답이라는 것을 부정할 수 없었기 때문이다. '옳은 일이기에, 또 아니하고서는 안 될 일이기에 목숨을 걸고 싸웠지 아니하냐'는 죽산의 비명 내용대로 그렇게 하는 것이 '옳은 일'이기 때문이었다. '역사는 발전하는가?'라는 질문에 보수주의자들은 고개를 갸웃한다. 진보주의자들은 역사는 앞으로 나아간다고 믿고, 희망하고 그리고 끊임없이 부딪힌다. 조봉암이 그랬다. 그렇게 해서 그는 이 땅에 진보의 밭을 갈고 평화통일의 씨앗을 뿌렸다.

조봉암의 꿈은 아직 완성되지 않았다. 그러나 역사의 흐름은 그가 말하고 희망한 방향으로 진행되어왔고 또 그렇게 가고 있다. '무력통일'이 아닌 '평화통일'이 현실적이고도 민족보존적인 통일 방식으로 굳혀져왔고, 승자독식의 순수자본주의나 프롤레타리아 폭력혁명의 공산주의가 아닌 수정자본주의 또는 사회민

233

주주의의 복지국가로 사회가 나아가고 있다. 보수, 진보를 떠나 시대를 앞서가고 시대를 견인한 진보주의자 조봉암을 기억해야 하는 이유다.

어찌
살기를
바라겠습니까?

11

박제상(363~419)

박제상의 위패를 모시고 있는 곳
울산광역시 울주군 두동면 치술령길 7 치산서원 내

차라리 계림의 개나 돼지가 될지언정 왜국의 신하는 되지 않겠다.
차라리 계림 왕에게 볼기를 맞는 형벌을 받을지언정 왜국의 벼슬
과 녹은 받지 않겠다.

박제상이 죽기 전 왜왕에게 한 말에서

　　김구 선생은 《나의 소원》에서 '옛날 일본에 갔
던 박제상이, "내 차라리 계림의 개, 돼지가 될지언정 왜왕의 신
하로 부귀를 누리지 않겠다" 한 것이 그의 진정이었던 것을 나는
안다. 제상은 왜왕이 높은 벼슬과 많은 재물을 준다는 것도 물
리치고 달게 죽임을 받았으니, 그것은 "차라리 내 나라의 귀신이
되리라" 함에서였다'[1]라고 말하고 있다. 박제상은 1,600년 전 신
라의 김구 선생이었고 신라의 신채호 선생이었고 신라의 안중근
의사였다. 신라를 침략하려는 왜를 허용하지 않았고, 신라의 사
람이기를 고집하였고, 끝내는 자신의 목숨을 던져가면서까지 왜
의 신라 침략을 준엄히 꾸짖었다.

　박제상은 4세기 후반부터 5세기 초기를 살았던 신라의 관료
이자 외교관이다. 중국이 역사상 최대 혼란기인 위진남북조(220-
581년)의 5호16국 시대(304-439년)를 맞이했던 때가 이때였고, 일본
이 지역 국가 단계를 벗어나 전국 국가로 성장하는 야마토 시대
(4세기-710년) 초기에 접어든 것이 바로 이때였다. 중국은 분국의
혼란기였고 일본은 국가 모습을 갖춰가는 국운 상승기였다.

한반도 땅 내부에서는 '힘의 이동(Power Shift)'이 진행되고 있었다. 바로 백제로부터 고구려로 힘의 중심이 이동하는 때였다. 삼국시대 이 땅의 패자는 한강 유역을 지배하는 자였다. 한강 유역의 지배권이 백제의 근초고왕(재위 346-375년)에서 고구려의 광개토대왕·장수왕(재위 391-491년)으로 넘어가기 시작하던 때가 이때였다. 신라가 한강 일대를 차지해 불완전하나마 한반도의 통일을 꿈꾸는 진흥왕(재위 540-576) 때까지는 아직 150년이나 더 있어야 했다.

따라서 박제상이 살았던 4세기 후반 5세기 초는 한반도 땅의 국제정세가 '백제 vs. 고구려·신라 동맹'에서 '고구려 vs. 백제·신라 동맹' 대립으로 판도가 바뀌는 시기로, 신라는 캐스팅 보트(Casting vote) 아닌 캐스팅 보트를 가지고 있었다. 신라의 캐스팅 보트는 이기거나 패권을 결정할 수 있는 캐스팅 보트가 아닌, 자신이 죽지 않기 위한 내지는 균형자 역할에 그치는 그런 캐스팅 보트였기 때문이다. 그런 약소국인 신라의 외교관이 박제상이었다.

신라 17대 왕인 내물왕(재위 356-402년)이 죽자 왕위는 내물왕의 사촌 동생 실성왕(재위 402-417년)에게로 넘어간다. 내물왕의 세 아들인 눌지, 보해 그리고 미사흔이 아직 어렸기 때문이었다. 18대 왕이 된 실성왕은 왕위에 오르자마자 왜와 화친조약을 맺고 내물왕의 삼남 미사흔을 왜에 인질로 보낸다. 그리고는 3년밖에 지나지 않아 왜와의 화친조약을 파기한다. 왜에 가 있던 미사흔은 이제 죽은 목숨이나 다름없는 상황에 놓인다. 412년에는 내물왕의 차남인 보해를 고구려에 인질로 보낸다. 417년 이번에는 내물왕의 장남인 눌지를 고구려군을 이용해 살해할 계획을 세운다. 보해와 미사흔이 고구려와 왜에 인질로 가 있는 상황에서 눌지만 제거하면 이제 왕위를 자신의 아들에게 안정적으로 물려줄 수 있기 때문이었다. 그러나 눌지를 죽이려던 계획은 실패로 돌아간다. 오히려 부메랑이 되어 눌지에 대한 고구려군의 협조로 실성왕 자신이 죽는 상황이 발생한다.

내물왕의 장남으로 신라 19대 왕이 된 눌지왕(재위 417-458년)은 왕위에 오르자 고구려에 인질로 잡혀가 있는 큰 아우 보해를 생각하면서 가슴 아파한다. 신하들은 보해를 데려올 수 있는 인물로 삽라군의 태수인 박제상을 천거한다. 박제상은 왕의 명을 받들어 고구려로 향한다. 장수왕을 만난 박제상은 논리와 인간적 도리로 장수왕을 설득해 보해의 귀국 허락을 받아낸다. 눌지왕은 아우 보해와의 재회를 기뻐하면서도 슬퍼한다. 보해는 자기 곁으로 돌아왔지만 막내 아우인 미사흔은 아직도 바다 건너 왜에 인질로 잡혀 있기 때문이었다. 박제상은 왕에게 절을 올린 다음 집에도 들르지 않고 곧바로 배에 오른다. 살아 돌아올 수 없을 것이라는 생각에 죽을 각오가 흔들릴까 싶어 가족과의 작별 인사도 외면한 것이다.

이때 신라는 일본과 외교가 단절되어 있는 상태였다. 인질 구출이 만만치 않을 터였고 일을 도모하는 자가 목숨 부지에 연연하다가는 일을 그르칠 수 있었다. 박제상은 신라에 죄를 짓고 일본으로 도망간 것처럼 일을 꾸미며 먼저 왜의 환심을 산다. 그리고 시간이 지나 왜의 경계가 느슨해지자 배 띄우기 좋은 날 왕자 미사흔을 배에 태운다. 미사흔은 자신의 부모나 다름없는 박제상에게 함께 귀국하기를 청한다. 박제상은 "신은 공의 목숨을 구하여 대왕의 마음을 위로해드릴 수만 있다면 그것으로 만족할 따름입니다. 어찌 살기를 바라겠습니까?(臣能救公之命 而慰大王之情 則足矣 何願生乎)"[2)]라고 말하며 함께 가기를 거절하고 그대로 일본 땅에 남는다. 미사흔이 안전한 해상까지 멀리 나가 왜의 추격을 따돌리게 하기 위해서는 자신이 남아 왜인들의 주의를 끌어 충분히 시간을 벌어야 하기 때문이었다.

　미사흔은 무사히 탈출하고 박제상은 왜왕 앞으로 끌려간다. 왜왕은 미사흔을 빼돌린 죄를 물으면서 박제상이 자신의 신하가 될 것을 맹세하면 죄를 용서하고 상도 내리겠다고 한다. 신라를 침략할 때 박제상에게 길 안내를 맡기기 위해서였다. 박제상은 "차라리 계림의 개나 돼지가 될지언정 왜국의 신하는 되지 않겠다. 차라리 계림 왕에게 볼기를 맞는 형벌을 받을지언정 왜국의 벼슬과 녹은 받지 않겠다(寧爲鷄林之犬狖 不爲倭國之臣子 寧受鷄林 之箠楚 不受倭國之爵祿)"[3)]라고 단칼에 왜왕의 제안을 거절한다. 박제상은 발바닥 살갗을 도려낸 후 날카롭게 벤 갈대 끝 위를 걷게 하는 벌을 받고, 끝내는 화형(火刑) 속에서 죽는다.[4)]

　박제상은 왜 목숨까지 버리면서 왜왕의 신하가 되기를 거부했을까? 그것은 왕정시대 왕에 대한 충성심 때문일 수도 있고, 신라의 귀족 된 자로서의 의무 또는 고위 관료로서의 사명 의식의 발로일 수도 있다. 또 한반도 땅 신라의 한 백성으로서 일본에 대한 증오 때문일 수도 있다. 박제상이 목숨을 던져버리면서까지 왜왕의 신하가 되기를 거부하고 왜왕을 준열히 꾸짖은 데는 앞의 이유가 모두 배경으로 작용했을 것이다. 내물왕(재위 356-402) 이후 박제상이 죽기까지 왜의 신라 침략은 기록으로 확인할 수 있는 것만 7차례[5]다. 63년(356-419년) 동안 7차례면 9년에 한 번 꼴로 침략을 했던 셈이다. 조금이라도 생각 있는 신라 백성이라면 일본을 증오하지 않을 수 없고, 더구나 신라의 귀족이자 고위 관료이고 또 왕으로부터 은덕을 입은 자라면 그 무엇이든 증오 이상의 행동을 하지 않을 수가 없었을 것이다. 신라 외교관 박제상은 자신의 목숨을 내놓으며 왜의 잘못을 꾸짖었다.

박제상은 무덤이 없다. 1,600년 전의 죽음이어서 그렇기도 하고 신하가 되기를 거부한 박제상의 뼈를 왜가 제대로 수습했을 리도 없었기 때문이다. 울산 치산서원은 박제상의 혼을 모시고 있다. 그런데 박제상의 혼뿐만이 아니다. 그의 부인과 두 딸의 혼도 함께 모시고 있다. 박제상이 죽기를 각오하고 일본으로 떠난 다음 박제상의 부인은 두 딸을 데리고 바닷가 높은 치술령에 올라 날마다 일본 쪽을 바라보면서 남편이 돌아오기만을 기다렸다고 한다. 그리고 끝내 남편이 돌아오지 않자 부인은 그 자리에서 그대로 망부석(望夫石)이 되고 말았다고 한다. 물론 전해지

는 이야기다. 살아서 못 이룬 부부의 만남은 죽어서야 이루어졌
다. 그리고 김구 선생의 말처럼 박제상은 죽어서 이 땅의 귀신이
되었다.

동양평화 문제에
관한 의견을
제출하노니

12

안중근(1879–1910)

안중근 의사가 잠들어 있는 곳(가묘)
서울시 용산구 효창원로 177–18 효창공원 내

나는 한국 독립을 회복하고 동양평화를 유지하기 위하여 3년간
해외에서 풍찬노숙하다가 마침내 그 목적에 도달하지 못하고 이
땅에서 죽는다. 그러니 오직 우리 2천만 형제자매는 각자 분발하
여 학문을 면려하고 실업을 진흥하며 나의 유지를 계승하여 자유
독립을 회복하면, 죽은 자가 유감이 없을 것이다.

안중근 의사가 2천만 동포에게 남긴 유언에서

안중근은 문인이자 무인이다. 그리고 노블레
스 오블리주의 전형이자 무엇보다 평화주의자였다. 안중근은 많
은 유묵을 휘호하고 시를 짓고 기고를 하고 자서전을 썼다. 동
서양의 고전과 근대 지식을 두루 갖춘 지식인이었다. 안중근은
1910년 한일합병이 이루어지기 전인 1908년 최초로 해외 독립군
을 만들어[1] 일본과 전쟁을 했고, 1909년 최초로 조선 침략 원흉
처단에 직접 나섰다. 조선의 대일 독립전쟁이 그로부터 시작되었
고, 조선인에 대한 일본의 두려움과 조선인의 의지에 대한 세계
인의 올바른 인식이 바로 그로부터 시작된 셈이다. 생각과 말과
행동이 일치하는 무인이었다. 안중근의 집안은 양반이자 부자였
다. 안중근은 나라의 혜택을 입은 자로서 그 부를 사람 키우는
데 쓰고, 하나밖에 없는 생명마저 망설임 없이 던졌다. 군림하는
가진 자가 아닌 무한 책임을 진 가진 자였다. 안중근은《동양평
화론》을 저술했다. 이토 히로부미를 처단한 것은 조선의 독립 때
문만이 아닌 동양의 평화를 위해서였다. 애국자이기에 앞서 인류
보편적 가치를 추구하는 평화주의자였다.

안중근은 황해도 해주의 부유한 양반 집안에서 태어나 어려서부터 아버지가 만든 서당에서 공부하며 일찍부터 화승총을 메고 산으로 사냥을 다녔다. 1897년 세례를 받고 프랑스 신부를 통해 서구 문명에 눈을 뜨기 시작하면서 부패한 조정에 환멸을 느끼기 시작한다. 러일전쟁에서 승리한 일본이 1905년 을사늑약으로 본격적인 조선 침략에 나서자 안중근은 나라가 독립을 이룰 때까지 술을 끊기로 맹세한다.

그리고 1906년 평안남도 진남포로 이사하면서 가산을 정리해 삼흥학교와 돈의학교를 세워 교육사업에 나선다. 1907년 국채보상기성회 활동을 통해 반일운동에 나서고, 같은 해 7월 한일 신협약에 의해 고종 퇴위, 군대 해산이 이뤄지자 무장투쟁을 위해 해외로 망명한다. 안중근은 블라디보스토크에서 독립정신 고취와 의병참가 권유 활동을 펼쳐 김두성, 이범윤 등과 함께 조선 최초 독립군인 '대한의군'을 창설해 참모중장을 맡는다. 1908년 6월 함경북도 홍의동과 경흥에서 일본군과 싸우고 회령전투에서는 중과부적으로 패배한다. 이후 〈해조신문〉, 〈대동공보〉 등에 독립심 고취의 글을 쓰면서 국민회, 일심회, 동의회 등을 조직해 애국사상 고취와 군사훈련에 힘쓴다.

1909년 3월 안중근은 11명의 동지들과 나라의 독립을 위해 헌신할 것을 약속하는 단지회(斷指會)를 결성하고, 동지들과 함께 왼손 약지 손가락을 잘라 피로써 '大韓獨立(대한독립)' 네 글자를 쓴다. 같은 해 9월 안중근은 이토가 하얼빈을 찾는다는 정보를 입수한다. 그리고 1909년 10월 26일 기차에서 내리는 이토 히로부미를 사살한다. 현장에서 자신의 신분을 밝힌 안중근은 1910년 2월 14일 1심에서 사형판결을 받고 항소 없이 같은 해 3월 26일 여순 감옥 형장에서 31세를 일기로 순국한다.

조선 침략의 원흉이자 동양의 평화를 파괴한 이토 히로부미의 처단을 앞두고 안중근은 차디찬 여관방 등불 아래서 자신의 심경을 노래했다. '장부가'다.

장부가 세상에 처함이여, 그 뜻이 크도다(丈夫處世兮 其志大矣)

때가 영웅을 만듦이여, 영웅이 때를 만들도다(時造英雄兮 英雄造時)

천하를 응시함이여, 어느 날에 업을 이루려나(雄視天下兮 何日成業)

동풍이 점점 차가워짐이여, 장사의 의기가 뜨겁도다(東風漸寒兮 壯士義熱)

분개하여 한번 떠남이여, 반드시 목적을 이루리로다(憤慨一去兮 必成目的)

쥐 도적 이토여, 어찌 목숨을 비기겠는가(鼠竊伊藤兮 豈肯比命)

어찌 이에 이를 줄을 헤아렸으리오, 사세가 그러하도다(豈度至此兮 事勢固然)

동포 동포여, 속히 대업을 이룰지어다(同胞同胞兮 速成大業)

만세 만세 대한 독립이로다(萬歲萬歲兮 大韓獨立)

만세 만만세 대한 동포로다(萬歲萬萬歲 大韓同胞)[2]

장부의 웅혼한 기상과 함께 나라를 빼앗긴 선각자의 고뇌, 반드시 독립을 이루고야 말리라는 조선 지식인의 각오가 읽는 이의 가슴을 울리고 머리털을 서게 한다.

1심에서 안중근에게 사형 선고가 내려졌다는 소식을 들은 의사의 어머니 조마리아는 아들에게 자신의 뜻을 전한다. '네가 만약 늙은 어미보다 먼저 죽는 것을 불효라 생각한다면 이 어미는 조소거리가 된다. 너의 죽음은 너 한 사람의 것이 아니라 한국인 전체의 분노를 짊어진 것이다. 네가 공소한다면 그것은 목숨을 구걸하는 것이 된다'[3]라는 내용이었다. 행동하는 장부이자 나라의 현실을 고뇌하는 지식인 안중근에게는 그런 안중근을 낳은 어머니가 있었다. 안중근은 항소 대신《동양평화론》저술에 나선다.[4] 일본 법정에 대한 항소 대신 세계인의 양심을 향한 평화 호소를 선택한 것이다.

안중근은《동양평화론》에서 '청년들을 훈련시켜 전쟁터로 몰아넣어 무수한 귀중한 생명을 희생물처럼 버리고, 피가 냇물을 이루고 인육이 이 땅에 널려 있는 날이 그치지 않는다. 살기를 좋아하고 죽기를 싫어하는 것은 인지상정이거늘 밝은 세상에 이 무슨 광경이란 말인가. 말과 생각이 이에 미치면, 뼈가 시리고 마음이 서늘해진다'[5]라고 말하고, '동양평화를 위한 의로운 전쟁을 하얼빈에서 벌이고, 담판하는 자리를 여순에서 정한 후 동양평화 문제에 관한 의견을 제출하노니, 여러분의 안목으로 깊이 살필지어다'[6]라고 말한다. 자신이 이토를 처단하는 것은 사사로운 미움이 아닌 조선은 물론 일본을 포함한 동양, 그리고 나아가 인류의 평화를 위해서라는 것이다. 평화주의자 안중근이다.

안중근은 죽음을 며칠 앞두고 〈대한매일신보〉를 통해 2천만 동포에게 유언을 남긴다. '나는 한국 독립을 회복하고 동양평화를 유지하기 위하여 3년간 해외에서 풍찬노숙하다가 마침내 그 목적에 도달하지 못하고 이 땅에서 죽는다. 그러니 오직 우리 2천만 형제자매는 각자 분발하여 학문을 면려하고 실업을 진흥하며 나의 유지를 계승하여 자유 독립을 회복하면, 죽은 자가 유감이 없을 것이다'[7]라는 내용이었다. 안중근이 궁극적으로 바라는 것은 평화였다. 동양평화, 나아가 인류의 평화였다.

서울 효창공원에는 안중근 의사의 무덤과 비문이 있다. 비문 마지막에는 아직 의사의 유해를 찾지 못해 빈 무덤으로 혼백을 모시고 있다고 적혀 있다. 부끄럽고 죄송하고 슬프다.

나가는 말

　　이 책의 주제는 전작(前作)이 있다. 한 꼭지로의 전작이다. 2017년 '인문 독서'를 위해 본인이 펴낸 《오래된 책들의 생각》 내용 중 '4장 삶과 죽음-묘비명은 살아 있다'가 바로 그것이다. 《오래된 책들의 생각》을 읽은 독자 중 몇 분이 이 '묘비명'을 주제로 책 한 권을 별도로 쓰면 어떻겠냐는 말씀을 해왔다. 지금처럼 사회가 복잡하고 사람들이 정신적으로 힘들어하는 때 앞서 좋은 삶을 살았던 이들이 남긴 소중한 메시지를 책으로 정리해 펴내면 사람들에게 위안이 되고 도움이 될 것이라는 이야기였다. 물론 책도 많이 팔릴 것이라는 위로(?)도 함께였다. 언젠가 '묘비명'을 주제로 별도의 책을 써야겠다고 생각을 하던 차였다.

우리나라 묘에는 '묘비명'이 거의 없다. 예술이나 문학을 했던 이들의 묘에서나 어쩌다 찾아볼 수 있을 뿐이다. 물론 묘 앞에 세운 돌에 새긴 글이 있긴 하다. 그러나 그것은 유적비로 대부분 묘 주인의 벼슬이나 치적에 관한 내용이다. 고인이 생애를 통해 추구했던 가치나 메시지가 아니다. 그래서 치열하게 삶을 살았던 이들의 묘비명과 함께 유언 그리고 살아생전 그들의 좌우명 또는 유작을 살펴봤다. 그랬더니 거기에는 그들이 간직했던 삶의 향기, 고뇌 또는 죽음으로 지키고자 했던 신념들이 잘 배어있었다. 그리고 그것들이 그 본인을 직접 대한 듯 필자에게 전해져 울려왔다. 그 '울림'을 그대로 이 책에 싣고자 노력했다. 필자에게 전해진 '울림' 그대로 독자들에게도 전해지길 간절히 바라면서.

시인 장석주는 대추 한 알이 여물기까지 많은 것들의 도움이 필요하다 했다. 태풍 몇 개, 천둥 몇 개, 벼락 몇 개가 그것들이고, 무서리 내리는 몇 밤, 땡볕 두어 달, 초승달 몇 날이 바로 그것들이라 했다. 책 쓰는 일도 마찬가지다. 많은 이들의 도움이 뒤에 있다. 먼저 ㈜에이원알폼의 안호중 대표이사님과 김경모 전무이사님의 지원에 깊이 감사드린다. 그리고 박영철 여성경제신문 대표님, 더클리닉샤인의 홍천기 원장님, KBS광주방송총국의 조병철 국장님, KDB 캐피탈의 손장욱 전무님, 동양저축은행 김중환 대표이사님의 평소 깊은 관심과 후의에 감사드린다. 아울러 제 책 출간을 위해 항상 애써주시는 M31의 김시경 대표님께도 감사드린다.

나에게 책을 쓰는 일은 늘 버겁다. 지혜가 얕고 글솜씨가 서툰 사람이 글쓰기를 업으로 삼고 또 감당하지 못할 주제(主題)에 욕심을 부리다 보니 그럴 수밖에 없다. 책 쓰는 일을 하는 한에는 어쩔 수 없다. 다만 독자들에게 좀 더 도움이 되는 책을 펴내지 못하는 것이 안타까울 뿐이다. 이 책이 부디 독자들의 행복에 도움이 되길 바란다.

**37인이 잠들어 있는 곳,
기념관 등 주소 및 문의처**

〈참고자료〉

Part 1 미(美) _왜 아름다움을 추구하는가?

01 어떤 고난에도 굴하지 않고 소처럼 무거운 걸음을 옮기면서
1) 이중섭, 편지와 그림들, 2013, 다빈치, 58면
2) 이중섭, 편지와 그림들, 2013, 다빈치, 121면
3) 이중섭, 편지와 그림들, 2013, 다빈치, 219면 참조

02 우리들의 싸움은 하늘과 땅 사이에 가득 차 있다
1) 논어, 2003, 학민문화사, 2권 472면
2) 염무웅 등 엮음, 시는 나의 닻이다, 2018, 창비, 247면 재인용

03 연꽃같이 맑고 깨끗하여라
1) 박선옥, 윤이상 평전, 2017, 삼인, 477면
2) 박선옥, 윤이상 평전, 2017, 삼인, 598면
3) 박선옥, 윤이상 평전, 2017, 삼인, 542 참조
4) 박선옥, 윤이상 평전, 2017, 삼인, 544면 참조
5) 박선옥, 윤이상 평전, 2017, 삼인, 596면

04 나는 내 슬픔과 어리석음에 눌리어 죽을 수밖에 없는 것을 느끼는 것이었다
1) 안도현, 백석 평전, 2015, 다산책방, 142면

05 천당이 가까운 줄 알았는데, 멀어, 멀어……
1) 박완서, 나목, 1993, 작가정신, 286면
2) 최열, 박수근 평전 시대공감, 2011, 마로니에북스, 219면
3) 최열, 박수근 평전 시대공감, 2011, 마로니에북스, 227면
4) A. 스미스, 박세일 등 역, 2010, 비봉출판사, 544–545면
5) 최열, 박수근 평전 시대공감, 2011, 마로니에북스, 255면
6) 최열, 박수근 평전 시대공감, 2011, 마로니에북스, 253–5면
7) 최열, 박수근 평전 시대공감, 2011, 마로니에북스, 243면
8) 최열, 박수근 평전 시대공감, 2011, 마로니에북스, 259면

06 새도 쉴 둥지 있고 짐승도 몸 눕힐 굴이 있는데
1) 김삿갓 묘에서 가장 가까운 시비
2) 이명우 엮음, 방랑시인 김삿갓 시집, 2020, 집문당, 18–20면 참조

07 나는 날마다 운명하였다
1) 윤석산, 박인환 평전, 2003, 모시는사람들, 311-2면
2) 김민수, 이상 평전, 2014, 그린비, 348면
3) 이상, 날개, 2015, 애플북스, 227면
4) 이상, 날개, 2015, 애플북스, 231면
5) 이상, 날개, 2015, 애플북스, 227면
6) 이상, 날개, 2015, 애플북스, 257면
7) 윤동주 · 이상 · 박인환, 못다핀 청년시인, 2018, 스타북스, 115-6면
8) 이상, 날개, 2015, 애플북스, 330-32면
9) 이상, 날개, 2015, 애플북스, 338면 참조

08 지금 그 사람 이름은 잊었지만 그 눈동자 입술은 내 가슴에 있네
1) 윤동주 · 이상 · 박인환, 못다핀 청년시인, 2018, 스타북스, 300면
2) 윤석산, 박인환 평전, 2003, 모시는사람들, 300-1면 참조

09 내가 인제 나비같이 죽겠기로
1) 이석우, 현대시의 아버지 정지용 평전, 2006, 푸른사상, 134-5면

11 모란이 피기까지는 나는 아직 나의 봄을 기둘리고 있을 테요
1) 김학동, 영랑 김윤식 평전, 2019, 국학자료원, 311-323면 참조

12 오늘밤에도 별이 바람에 스치운다
1) 윤동주, 하늘과 바람과 별과 시, 2016, 소와다리, 3면
2) 윤동주, 하늘과 바람과 별과 시, 2016, 소와다리, 50-52면

Part 2 진(眞) _무엇을 위해 살 것인가?

01 서로 사랑하라
1) 이태석, 친구가 되어 주실래요?, 2011, 생활성서, 75-6면 참조
2) 이태석, 당신의 이름은 사랑, 2011, 다른우리, 168면
3) 이태석, 당신의 이름은 사랑, 2011, 다른우리, 286면 참조
4) 이태석, 친구가 되어 주실래요?, 2011, 생활성서, 38면

02 내 죽음을 헛되이 말라
1) 조영래, 전태일 평전, 2001, 아름다운전태일, 297-8면 참조
2) 조영래, 전태일 평전, 2001, 아름다운전태일, 297-301면 참조
3) 조영래, 전태일 평전, 2001, 아름다운전태일, 295면 참조

4) 조영래, 전태일 평전, 2001, 아름다운전태일, 132-4면 참조
5) 조영래, 전태일 평전, 2001, 아름다운전태일, 258-9면 참조
6) 조영래, 전태일 평전, 2001, 아름다운전태일, 225-9면 참조
7) 조영래, 전태일 평전, 2001, 아름다운전태일, 307-8면 참조

04 심지 하나가 창을 밝힌다

1) 김삼웅, 장준하 평전, 2009, 시대의창, 20&522면 참조
2) 김삼웅, 장준하 평전, 2009, 시대의창, 312-3면 참조
3) 김삼웅, 장준하 평전, 2009, 시대의창, 346-7면
4) 장준하, 돌베개, 2019, 돌베개, 74면
5) 김삼웅, 장준하 평전, 2009, 시대의창, 534면
6) 김삼웅, 장준하 평전, 2009, 시대의창, 43면 참조

05 통일의 선구자 겨레의 벗

1) 김형수, 문익환 평전, 2018, 다산책방, 332면 참조
2) 김형수, 문익환 평전, 2018, 다산책방, 358면
3) 김형수, 문익환 평전, 2018, 다산책방, 577면

06 참선 잘하그래이

1) 원택, 성철스님시봉이야기2, 2002, 김영사, 249-252면 참조
2) 원택, 성철스님시봉이야기2, 2002, 김영사, 252면 참조
3) 원택, 성철스님시봉이야기2, 2002, 김영사, 68-9면 참조
4) 원택, 성철스님시봉이야기2, 2002, 김영사, 69면 참조
5) 원택, 성철스님시봉이야기2, 2002, 김영사, 139-141면 참조
6) 원택, 성철스님시봉이야기1, 2002, 김영사, 253면 참조
7) 원택, 성철스님시봉이야기2, 2002, 김영사, 69면

07 고맙습니다, 서로 사랑하세요

1) 알퐁소 엮음, 바보가 바보들에게, 2010, 산호와 진주, 15면
2) 김수환, 추기경 김수환 이야기, 2009, 평화방송&평화신문, 370면
3) 김수환, 추기경 김수환 이야기, 2009, 평화방송&평화신문, 189면 참조
4) 김수환, 추기경 김수환 이야기, 2009, 평화방송&평화신문, 211면
5) 네이버 지식백과의 미디어 종사자를 위한 천주교 용어 자료집 '제2차 바티칸 공의회' 참조
6) 김수환, 추기경 김수환 이야기, 2009, 평화방송&평화신문, 139, 243면 참조
7) 김수환, 추기경 김수환 이야기, 2009, 평화방송&평화신문, 153-4면 참조

08 우리나라 대한의 완전한 자주독립이오
1) 김구, 도진순 주해, 백범일지, 2001, 돌베개, 13면 참조
2) 김구, 도진순 주해, 백범일지, 2001, 돌베개, 431-3면
3) 김구, 도진순 주해, 백범일지, 2001, 돌베개, 423면 참조

10 매화분에 물을 주어라
1) 이황, 고산고정일 역해, 자성록/연행록/성학십도, 2018, 동서문화사, 308-9면 참조
2) 이황, 고산고정일 역해, 자성록/연행록/성학십도, 2018, 동서문화사, 352면
3) 김병일, 퇴계처럼, 2013, 글항아리, 18-26면 참조
4) 이황, 고산고정일 역해, 자성록/연행록/성학십도, 2018, 동서문화사, 309면 참조

11 어머니 묘 발치에 묻어달라
1) 인조실록 42권 인조19년 7월10일
2) 박영규, 조선왕조실록, 2006, 웅진, 314면 참조

12 그 어디에도 얽매이지 않았으니
1) 삼국유사 원효 편 참조
2) 최세창 역, 원효 저, 대승기신론소, 2016, 운주사, 70면
3) 일연 저, 김원중 역, 삼국유사, 2008, 민음사, 458면 참조

13 내가 죽을 때에는 가진 것이 없을 것이므로
1) 법정, 무소유, 2001, 범우사, 79-84면

Part 3 선(善) _어떻게 살 것인가?

01 송강, 사람을 쓰는 데 파당을 가리지 말게
1) 이현희 등, 이야기한국사, 2006, 청아출판사, 513-4면
2) 이현희 등, 이야기한국사, 2006, 청아출판사, 513-4면
3) 이이 저, 정재훈 역해, 동호문답, 2014, 아카넷, 19면 참조
4) 이현희 등, 이야기한국사, 2006, 청아출판사, 513면 참조
5) 이현희 등, 이야기한국사, 2006, 청아출판사, 514면

02 나의 죽음을 알리지 말라
1) 이순신, 노승석 역, 난중일기, 2008, 동아일보사, 503, 504면 참조
2) 이순신, 노승석 역, 난중일기, 2008, 동아일보사, 450, 452, 503면 참조

3) 이민웅, 임진왜란해전사, 2008, 청어람미디어, 256-7면 참조
4) 이민웅, 임진왜란해전사, 2008, 청어람미디어, 266면 참조
5) 이민웅, 임진왜란해전사, 2008, 청어람미디어, 223면 참조
6) 이순신, 노승석 역, 난중일기, 2008, 동아일보사, 502면 참조
7) 이순신, 노승석 역, 난중일기, 2008, 동아일보사, 382면 참조

03 청강에 고이 씻은 몸을 더럽힐까 하노라
1) 박영규, 고려왕조실록, 2004, 웅진, 531면 참조
2) 한국민족문화대백과의 '하여가' 참조
3) 두산백과의 '단심가' 참조
4) 박영규, 고려왕조실록, 2004, 웅진, 529면

04 한고조가 장량을 이용한 것이 아니라 장량이 한 고조를 이용했다
1) 이덕일, 정도전과 그의 시대, 2014, 옥당, 19면 참조
2) 이덕일, 정도전과 그의 시대, 2014, 옥당, 138면 재인용
3) 태조실록14권 태조7년 8월 26일자

05 내가 죽거든 관을 얇게 만들고 두껍게 하지 말아라. 먼 길 가기 힘들다
1) 맹자1권, 2009, 학민문화사, 64면
2) 맹자1권, 2009, 학민문화사, 99면
3) 조선왕조실록 중종14년 12월 16일 일기
4) 조선왕조실록 중종 14년 12월 16일 일기

07 하늘이 진실하다고 여기지 않는다면 불질러버려도 좋다
1) 박영규, 한권으로 읽는 조선왕조실록, 2006, 웅진, 447-449면 참조
2) 정약용의 《자찬묘지명》 참조
3) 정약용의 《자찬묘지명》 참조

08 일본과 타협하려는 자나 기생하려는 자나 다 우리의 적임을 선언하노라
1) 신채호, 조선혁명선언, 2020, 범우사, 131면
2) 신채호, 단재 신채호 역사평론집, 2020, 부크크, 202면 참조
3) 신채호, 단재 신채호 역사평론집, 2020, 부크크, 187면
4) 신채호, 단재 신채호 역사평론집, 2020, 부크크, 46&49-68&71
5) 신채호, 조선상고사, 2019, 위즈덤하우스, 21면
6) 신채호, 조선상고사, 2019, 위즈덤하우스, 29면 참조
7) 신채호, 단재신채호 역사평론집, 2020, 부크크, 236&230면 참조
8) 신채호, 단재 신채호 역사평론집, 2020, 부크크, 26-27&236면 참조
9) 신채호, 조선상고사, 2019, 위즈덤하우스, 46면 참조

10) 신채호, 단재 신채호 역사평론집, 2020, 부크크, 239면 참조
11) 신채호, 조선혁명선언, 2020, 범우사, 15&16&22&37면
12) 신채호, 조선혁명선언, 2020, 범우사, 132면 참조

09 녹두꽃이 떨어지면 청포장수 울고 간다
1) 한국향토문화전자대전 '새야새야' 참조

10 옳은 일이기에, 또 아니하고서는 안 될 일이기에 목숨을 걸고 싸웠지 아니하냐
1) 이원규, 조봉암평전, 2016, 한길사, 435면 참조
2) 이원규, 조봉암평전, 2016, 한길사, 604면

11 어찌 살기를 바라겠습니까?
1) 도진순 주해, 백범일지, 2001, 돌베개, 424면
2) 삼국유사 내물왕 김제상편
3) 삼국유사 내물왕 김제상편
4) 박영규, 한권으로 읽는 신라왕조실록, 2009, 웅진, 173-194면 참조
5) 박영규, 한권으로 읽는 신라왕조실록, 2009, 웅진, 168-183면 참조

12 동양평화 문제에 관한 의견을 제출하노니
1) 안중근, 안중근 옥중자서전, 2019, 열화당영혼도서관, 181면 참조
2) 안중근, 안중근 옥중자서전, 2019, 열화당영혼도서관, 85-86면
3) 사이토 타이켄, 이송은 역, 내 마음의 안중근, 2005, 집사재, 207면
4) 황재문, 안중근 평전, 2017, 한겨레출판, 331면
5) 안중근, 안중근 옥중자서전, 2019, 열화당영혼도서관, 107면
6) 안중근, 안중근 옥중자서전, 2019, 열화당영혼도서관, 110면
7) 황재문, 안중근 평전, 2017, 한겨레출판, 342면